オールカラー

小学校6年生の英語が1冊でしっかりわかる本

毎年130万人以上に教える
人気英語講師
関 正生

かんき出版

はじめに
保護者のみなさまへ

「小学校での英語必修化」が開始された2020年度は、新型コロナウィルスの影響により、学校現場にも大混乱が起き、不安なスタートとなりました。当然、学校では健康面・安全面が最優先されるわけで、英語の授業はないがしろになってしまうケースもあったと、現場の先生からも聞きました。

その数年前から、小学校英語に関して私が抱いていた不安は「表現の丸暗記・英文法（英語の理屈）の軽視」というものでした。会話表現を中心に学ぶのはいいのですが、常に表現の暗記になって、その表現の意味・使われる意義・理屈などが説明されることはないだろうという不安でした。その「丸暗記中心の学習」は、新型コロナウィルスの影響による授業時間短縮で、よりいっそう強まってしまったようです。

しかしこれは裏を返せば、「脱丸暗記（きちんと理解しながら英語を身につける）」という本書の目標・役割が、ますます効果を発揮するはずだという思いにいたりました。

この本は「学校の授業・教科書を理解できる」ということを成しとげるのは当然として、きちんとその理屈を理解できるよう、（おそらく、ないがしろにされるであろう）英文法をしっかりと解説していきます。**真の意味で「英語を理解する」ことをめざします**。

それによって、「将来も使える英語」の基礎を築きます。しかしこの言葉は常に曖昧（あいまい）にされて使われるので、ここではより明確に「将来」と「使える」を定義したいと思います。

まず**「近い将来」として、中学校に入ったとき、学習内容がスムーズにつながること**を意識しています。小学校のときに表現の暗記ですませてしまうことで、中学校の文法の授業でつまずくことがよくありますが、それを完全に解消できるわけです。さらに**「使える」とは、中学校のテスト・高校受験・英検で得点になるということ**です。

また、**「遠い将来」として学校英語にとどまらない内容**にも触れていきます。教科書に出てきてはいるけど、しっかり触れられないことにも解説を加えます。たとえば「Hello よりも Hi のほうが実際の会話で使われること」は、大人でも知らない人のほうが多いかもしれません。さらに教科書の内容を超えたレベルに触れられるのも本書の大きな特長の１つです。**実際のネイティブの会話（教科書っぽい短いかんたんなやりとりではないもの）まで収録しました。**

保護者のかたは「そんな難しいこと、大丈夫なの？」と心配されるかもしれませんが、ほかの科目を見てください。国語・算数・理科など、それなりに高度なことを学んでいます。なのになぜか英語だけおそるおそる……というアプローチなのです。この従来のやりかたでは、簡単すぎて力を持てあまし、その結果、英語は簡単なものだと誤解して（要は、なめてしまう）、その結果、中学に入ると、とたんにできなくなる、英語嫌いになる中高生をたくさん生み出してしまうのです。

本書では、**小学校高学年のポテンシャルを最大限に引き出す絶妙なレベル設定をしています。**もちろんいたずらに難しいことをするのではなく、基礎からきっちり解説していきます。実はみんな英語が好きなのです。そして英語の理屈を知ることが大好きなのです。きっと楽しみながら、本書で英語をマスターしていくことと思います。

関 正生

『小学校6年生の英語が1冊でしっかりわかる本』の4つの強み

その1 文法の解説が充実しているから、中学校でもつまずかない！

2020年度から、小学校高学年で外国語学習がはじまりました。しかし、小学校では英会話を軸に学習を進めるため、「中学校での読み書きの学習にスムーズに移行できない」「文章の構造についての知識が不足する」といった課題があります。

そこで本書では、小学校で英語学習をはじめる段階でしっかり文法に触れておくことで、中学校に進学してからの英語学習の土台をつくります。

その2 たくさんの単語や表現を身につけられる！

教科書の範囲の会話表現はもちろん、関連するたくさんの単語や表現の解説を盛りこみました。各レッスンの大切なポイントを理解しながら語彙(ごい)を増やし、表現の幅を広げていくことができます。

その3 「基本」にくり返し触れることができる！

重要な英語表現についての解説→基本の英会話→練習問題でおさらい→ネイティブの英会話、という学習の流れのなかで、基本となる英語表現を異なる形式でくり返し触れることができるように構成しました。

その4 対話文の解説といっしょに、自然な日本語訳も学べる！

「基本の英会話を身につけよう」では、英文についての解説があります。また、一般的な学習での「日本語訳」のほかに、「“自然な”日本語訳」もつけています。小学生向けの参考書でこれらをカバーしているものは、実はなかなかありません。きちんと納得しながら読み進めていくことができます。

この本の使いかた

はじめて英語の学習をする人のために、むずかしい用語は使わずに、とにかく読みやすさを第一に考えてつくりました。日常で使う会話を読んでいくうちに、大切な英語表現が自然と身についていきます。次の１～５の流れで、１つのレッスンを学んでいきましょう。

1 ☑ 大切な文のポイントを学ぶ

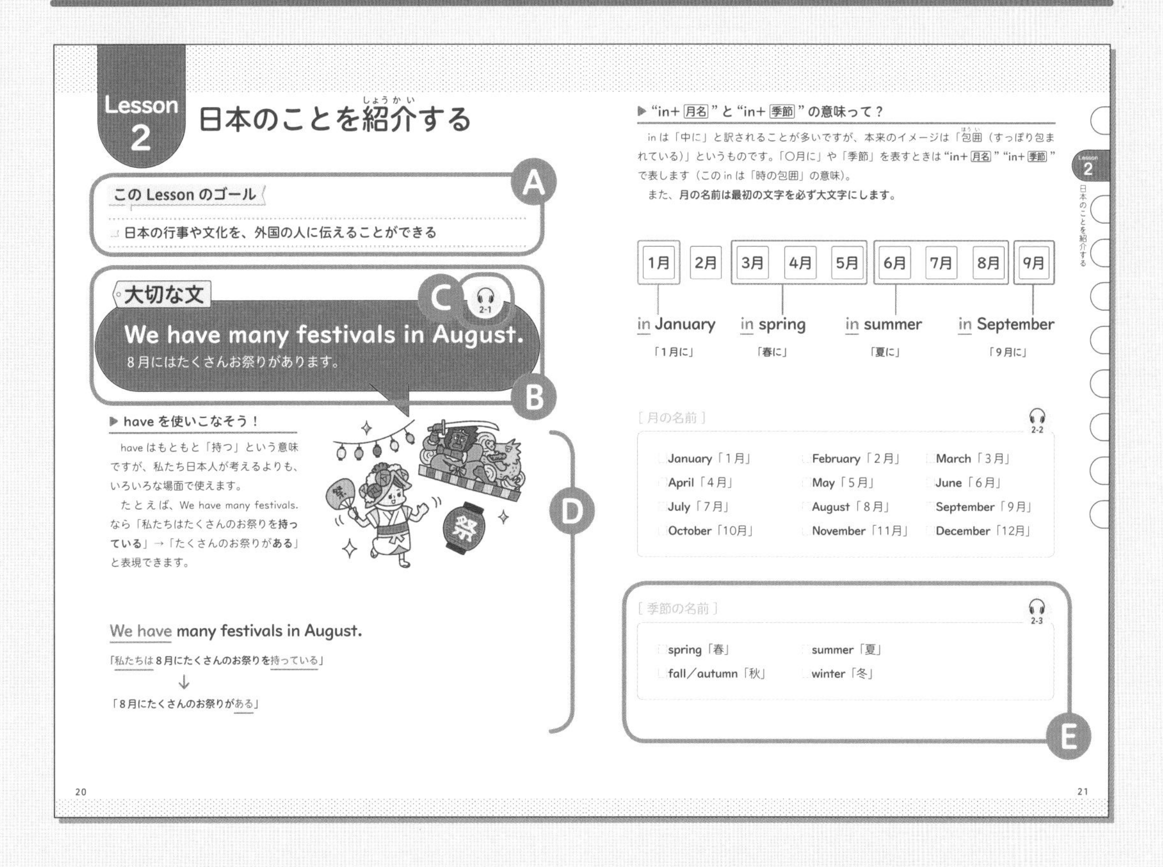

Lesson 2 日本のことを紹介する

A
この Lesson のゴール
日本の行事や文化を、外国の人に伝えることができる

大切な文 C 2-1
B
We have many festivals in August.
8月にはたくさんお祭りがあります。

D
▶ have を使いこなそう！
have はもともと「持つ」という意味ですが、私たち日本人が考えるよりも、いろいろな場面で使えます。
たとえば、We have many festivals. なら「私たちはたくさんのお祭りを持っている」→「たくさんのお祭りがある」と表現できます。

We have many festivals in August.
「私たちは8月にたくさんのお祭りを持っている」
↓
「8月にたくさんのお祭りがある」

▶ "in+月名" と "in+季節" の意味って？
in は「中に」と訳されることが多いですが、本来のイメージは「包囲（すっぽり包まれている）」というものです。「〇月に」や「季節」を表すときは "in+月名" "in+季節" で表します（この in は「時の包囲」の意味）。
また、月の名前は最初の文字を必ず大文字にします。

1月 2月 3月 4月 5月 6月 7月 8月 9月
in January「1月に」 in spring「春に」 in summer「夏に」 in September「9月に」

［月の名前］ 2-2

January「1月」	February「2月」	March「3月」
April「4月」	May「5月」	June「6月」
July「7月」	August「8月」	September「9月」
October「10月」	November「11月」	December「12月」

E
［季節の名前］ 2-3

spring「春」	summer「夏」
fall／autumn「秋」	winter「冬」

20 21

A 各レッスンでどんなことが学べるのか、どんな力が身につくかがわかります

B 各レッスンで一番覚えておきたい表現です

C 🎧マークがついているところは、音声を聴きながら学習できます。音声ダウンロードの手順は、8ページを参照してください

D 大切な文 についての解説です。文の組み立てかたや、日本語に訳すときのポイントを知りましょう

E いっしょに覚えておくと便利な単語や表現をまとめています

2 ことばの意味について知る

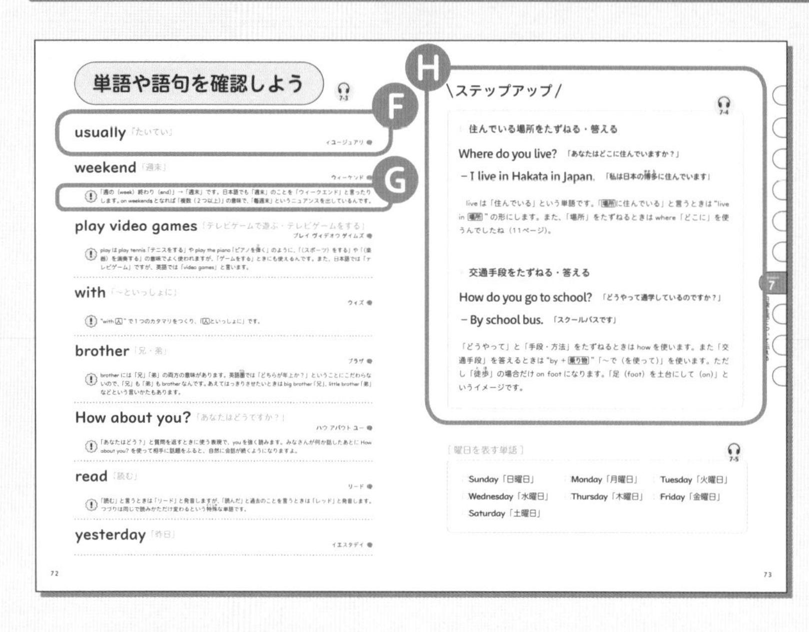

単語や語句を確認しよう 7-3

usually「たいてい」 イユージュアリ

weekend「週末」 ウィーケンド

「週の（week）終わり（end）」→「週末」です。日本語でも「週末」のことを「ウィークエンド」と言ったりします。on weekends となれば「複数（2つ以上）」の意味で、「毎週末」というニュアンスを出しているんです。

play video games「テレビゲームで遊ぶ・テレビゲームをする」 プレイ ヴィデオウ ゲイムズ

play は play tennis「テニスをする」や play the piano「ピアノを弾く」のように、「(スポーツ) をする」や「(楽器) を演奏する」の意味でよく使われますが、「ゲームをする」ときにも使えるんです。また、日本語では「テレビゲーム」ですが、英語では「video games」と言います。

with「〜といっしょに」 ウィズ

"with 人" で1つのカタマリをつくり、「人といっしょに」です。

brother「兄・弟」 ブラザ

brother には「兄」「弟」の両方の意味があります。英語圏では「どちらが年上か？」ということにこだわらないので、「兄」も「弟」も brother なんです。あえてはっきりさせたいときは big brother「兄」、little brother「弟」などという言いかたもあります。

How about you?「あなたはどうですか？」 ハウ アバウト ユー

「あなたはどう？」と質問を返すときに使う表現で、you を強く読みます。みなさんが何か話したあとに How about you? を使って相手に話題をふると、自然に会話が続くようになりますよ。

read「読む」 リード

「読む」と言うときは「リード」と発音しますが、「読んだ」と過去のことを言うときは「レッド」と発音します。つづりは同じで読みかただけ変わるという特殊な単語です。

yesterday「昨日」 イエスタデイ

72

\ステップアップ/ 7-4

住んでいる場所をたずねる・答える

Where do you live?「あなたはどこに住んでいますか？」

– I live in Hakata in Japan.「私は日本の博多に住んでいます」

live は「住んでいる」という単語です。「場所に住んでいる」と言うときは "live in 場所" の形にします。また、「場所」をたずねるときは where「どこに」を使うんでしたね（11ページ）。

交通手段をたずねる・答える

How do you go to school?「どうやって通学しているのですか？」

– By school bus.「スクールバスです」

「どうやって」と「手段・方法」をたずねるときは how を使います。また「交通手段」を答えるときは "by + 乗り物"「〜で（を使って）」を使います。ただし「徒歩」の場合だけ on foot になります。「足（foot）を土台にして（on）」というイメージです。

［曜日を表す単語］ 7-5

Sunday「日曜日」 Monday「月曜日」 Tuesday「火曜日」
Wednesday「水曜日」 Thursday「木曜日」 Friday「金曜日」
Saturday「土曜日」

73

F

このあとで学ぶ「基本の英会話を身につけよう」で登場する単語や語句です。意味と読みかたをしっかり理解しましょう

G

丸暗記になりがちな単語も、使いかたやマメ知識を知ることで記憶に残りやすくなります

H

同じような英文をつくりたいときに役に立つ表現などをまとめています

3 基本の英会話を理解する

\基本の英会話を身につけよう/ 4-6

お祭りの屋台での会話です。

Man : Hi. What would you like? ……❶
Annie : How much is a chocolate banana? ……❷
Man : It's 200 yen. ……❸
Annie : OK. I'd like a chocolate banana, then. ……❹

日本語訳と解説

❶ 男性：こんにちは。何がいいですか？
What would you like?「あなたは何がほしいですか？」→「何がいいですか・何にしますか？」とお客さんに声をかけています。

❷ アニー：チョコレートバナナはいくらですか？
how much「いくら」を使ってチョコレートバナナの「値段」をたずねています。ちなみに日本の場合とちがって、海外の屋台では値段が書いていないこともあるので、この表現は海外旅行でよく使いますよ。

❸ 男性：200円です。
It's 200 yen. の it は a chocolate banana のことです。"200 yen" は "two hundred yen" と読みます。hundred「100」の発音は「ハンドゥレッド」です。

❹ アニー：わかりました。じゃあ、チョコレートバナナをください。
"I'd like ものの名前."「〜をください」を使って注文しています。最後の then は「じゃあ」という感じで英語が得意な人でもなかなか使えません。みなさんが使ったら、ものすごくカッコイイですよ。

わからなかった単語は前のページや辞書で確認してみましょう。
英文を何度か読んで、文の意味を考え、わからないところにはえんぴつで線を引いておきましょう。

44

➡ "自然な" 日本語訳

❶ 男性：こんにちは。何にしますか？
❷ アニー：チョコバナナはいくらですか？
❸ 男性：200円です。
❹ アニー：わかりました。じゃあ、チョコバナナをください。

［そのほか買い物で使える表現］ 4-7

店員が使う表現

This is our menu today.「こちらが本日のメニューです」
How about 〜?「〜はいかがですか？」

その他

Let's see.「ええと」
※会話のやりとりで、間をつなぐときに使います。英語を話すときは、日本語で「ええと」と言うのではなく Let's see. と言って間をつないでください。

数を表すことば

1	one	11	eleven	30	thirty
2	two	12	twelve	40	forty
3	three	13	thirteen	50	fifty
4	four	14	fourteen	60	sixty
5	five	15	fifteen	70	seventy
6	six	16	sixteen	80	eighty
7	seven	17	seventeen	90	ninety
8	eight	18	eighteen	100	hundred
9	nine	19	nineteen	1000	thousand
10	ten	20	twenty		

45

I

日常で使う会話のやり取りです。音声を聴きながら読み進めましょう。音声は、「英会話のみ」と「英会話と日本語訳」の2種類が聴けます

J

「基本の英会話を身につけよう」についての日本語訳とその解説です

K

Jを、もっと親しみやすい自然な日本語訳にしたものです

4 ☑ 練習問題でおさらいする

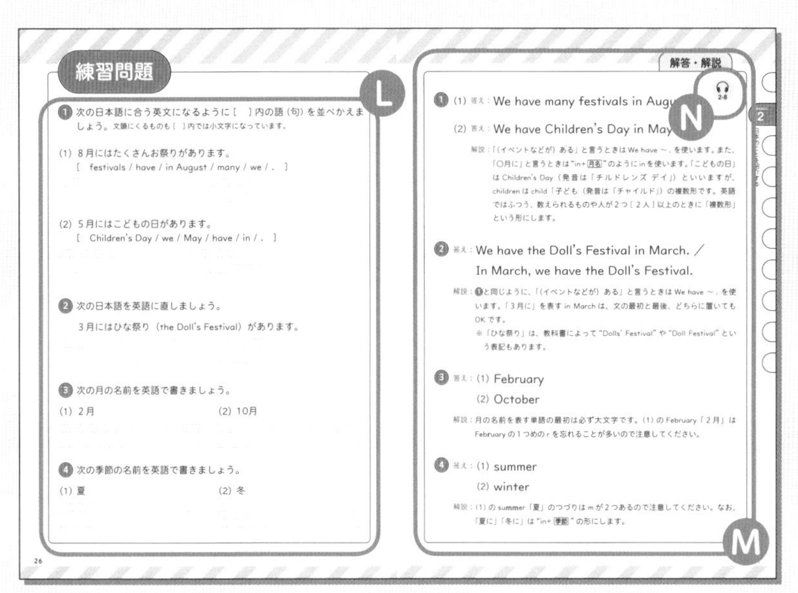

練習問題

L

❶ 次の日本語に合う英文になるように［　］内の語（句）を並べかえましょう。文頭にくるものも［　］内では小文字になっています。

(1) 8月にはたくさんお祭りがあります。
［　festivals / have / in August / many / we / .　］

(2) 5月にはこどもの日があります。
［　Children's Day / we / May / have / in / .　］

❷ 次の日本語を英語に直しましょう。
3月にはひな祭り（the Doll's Festival）があります。

❸ 次の月の名前を英語で書きましょう。
(1) 2月　　(2) 10月

❹ 次の季節の名前を英語で書きましょう。
(1) 夏　　(2) 冬

26

解答・解説

2-8

N

❶ (1) 答え：We have many festivals in Augu

(2) 答え：We have Children's Day in May

解説：「(イベントなどが）ある」と言うときはWe have ～. を使います。また、「○月に」と言うときは“in+月名”のようにinを使います。「こどもの日」はChildren's Day（発音は「チルドレンズ デイ」）といいますが、childrenはchild「子ども（発音は「チャイルド」）の複数形です。英語ではふつう、数えられるものや人が2つ［2人］以上のときに「複数形」という形にします。

❷ 答え：We have the Doll's Festival in March. ／
In March, we have the Doll's Festival.

解説：❶と同じように、「(イベントなどが）ある」と言うときはWe have ～. を使います。「3月に」を表すin Marchは、文の最初と最後、どちらに置いてもOKです。
※「ひな祭り」は、教科書によって“Dolls' Festival”や“Doll Festival”という表記もあります。

❸ 答え：(1) February
(2) October

解説：月の名前を表す単語の最初は必ず大文字です。(1)のFebruary「2月」はFebruaryの1つめのrを忘れることが多いので注意してください。

❹ 答え：(1) summer
(2) winter

解説：(1)のsummer「夏」のつづりはmが2つあるので注意してください。なお、「夏に」「冬に」は“in+季節”の形にします。

M

2

L
各レッスンで学んだことを復習する問題です。わからないところは、前のページを見ながらでもいいので、答えを書いてみましょう

M
左ページの問題の解答と解説です。まちがいやすいところや、覚えたいことがまとまっているので、答え合わせをしながら読みましょう

N 答え合わせが終わったら、音声を聴いて読みかたを確認しましょう

5 ☑ ネイティブが話す日常会話を体感する

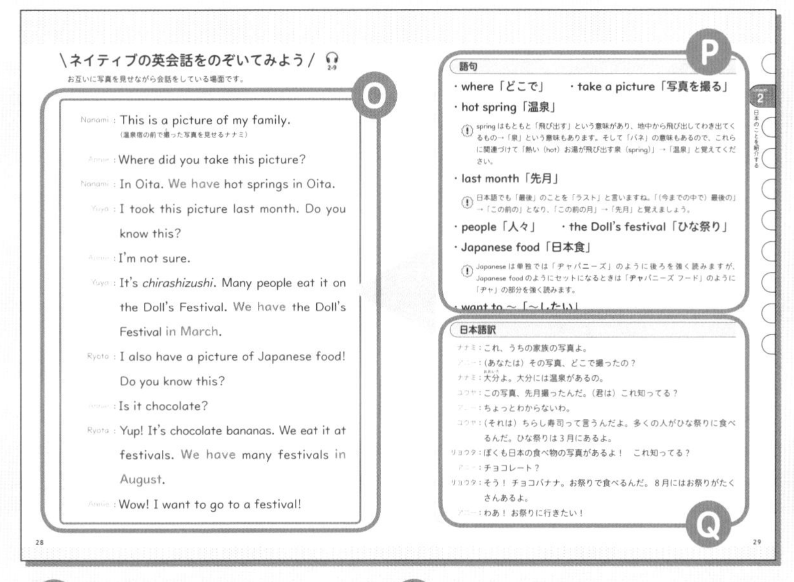

＼ネイティブの英会話をのぞいてみよう／ 2-9
お互いに写真を見せながら会話をしている場面です。

O

Nanami：This is a picture of my family.
（温泉宿の前で撮った写真を見せるナナミ）
Annie：Where did you take this picture?
Nanami：In Oita. We have hot springs in Oita.
Yuya：I took this picture last month. Do you know this?
Annie：I'm not sure.
Yuya：It's *chirashizushi*. Many people eat it on the Doll's Festival. We have the Doll's Festival in March.
Ryota：I also have a picture of Japanese food! Do you know this?
Annie：Is it chocolate?
Ryota：Yup! It's chocolate bananas. We eat it at festivals. We have many festivals in August.
Annie：Wow! I want to go to a festival!

28

P

語句

・where「どこで」　・take a picture「写真を撮る」
・hot spring「温泉」
(!) springはもともと「飛び出す」という意味があり、地中から飛び出してわき出てくるもの→「泉」という意味もあります。そして「バネ」の意味もあるので、これらに関連づけて「熱い（hot）お湯が飛び出す泉（spring）」→「温泉」と覚えてください。
・last month「先月」
(!) 日本語でも「最後」のことを「ラスト」と言いますね。「(今までの中で）最後の」→「この前の」となり、「この前の月」→「先月」と覚えましょう。
・people「人々」　・the Doll's festival「ひな祭り」
・Japanese food「日本食」
(!) Japaneseは単独では「ヂャパニーズ」のように後ろを強く読みますが、Japanese foodのようにセットになるときは「ヂャパニーズ フード」のように「ヂャ」の部分を強く読みます。
・want to ～「～したい」

日本語訳

ナナミ：これ、うちの家族の写真よ。
アニー：(あなたは）その写真、どこで撮ったの？
ナナミ：大分よ。大分には温泉があるの。
ユウヤ：この写真、先月撮ったんだ。(君は）これ知ってる？
アニー：ちょっとわからないわ。
ユウヤ：(それは）ちらし寿司って言うんだよ。多くの人がひな祭りに食べるんだ。ひな祭りは3月にあるよ。
リョウタ：ぼくも日本の食べ物の写真があるよ！　これ知ってる？
アニー：チョコレート？
リョウタ：そう！ チョコバナナ。お祭りで食べるんだ。8月にはお祭りがたくさんあるよ。
アニー：わあ！ お祭りに行きたい！

Q

2

日本のことを紹介する

29

O
「基本の英会話を身につけよう」の会話を、ネイティブ（英語を母国語とする人）が日常的に使うときの長さ、文脈で確認してみましょう。なかには、教科書にの載っているレベルよりもむずかしいものもあります。完璧（かんぺき）にできるようになる必要はないので、「こんなふうに話せたらカッコイイな」と楽しみながら、読み進めてみてください

P 左ページに登場する単語や語句の意味と解説です

Q 左ページの会話の日本語訳です。場面をイメージしながら読んでみましょう

▶音声ダウンロードの手順

本書の🎧マークの右にある数字が音声ファイル内のトラック番号です。

1 パソコンかスマートフォンで音声ダウンロード用のサイトに（下記A、Bいずれかの方法で）アクセスします。

A　QRコード読み取りアプリを起動し、QRコードを読み取ってください。

B　QRコードが読み取れないかたはブラウザ（https://audiobook.jp/exchange/kanki）にアクセスしてください。

※上記以外からアクセスされますと、無料のダウンロードサービスをご利用いただくことができませんのでご注意ください。

※URLは「www」などの文字を含めず、正確にご入力ください。

2 表示されたページから、audiobook.jpへの会員登録ページに進みます。

※音声ダウンロードには、audiobook.jpへの会員登録（無料）が必要です。

※すでにアカウントをお持ちのかたはログインしてください。

3 会員登録後、❶のページに再度アクセスし、シリアルコードの入力欄に「30111」を入力して「送信」をクリックします。

※もし❶のページがわからなくなってしまったら、一度audiobook.jpのページを閉じ、再度手順❶からやり直してください。

4 「ライブラリに追加」のボタンをクリックします。

5 スマートフォンの場合はアプリ「audiobook」をインストールしてご利用ください。パソコンの場合は「ライブラリ」から音声ファイルをダウンロードしてご利用ください。

ご注意

- ダウンロードにはaudiobook.jpへの会員登録（無料）が必要です。
- パソコンからでもiPhoneやAndroidのスマートフォンからでも音声を再生いただけます。
- 音声は何度でもダウンロード・再生いただくことができます。
- 書籍（しょせき）に表示されているURL以外からアクセスされますと、音声をご利用いただけません。URLの入力まちがいにご注意ください。
- ダウンロードについてのお問合せ先：**info@febe.jp**（受付時間：平日の10時～20時）

特典 PDF のダウンロード方法

この本の特典として、小学校６年生で覚えておきたい英単語を、パソコンやスマートフォンからダウンロードすることができます。日常の学習に役立ててください。

1　インターネットで下記のページにアクセス

パソコンから

URL を入力

https://kanki-pub.co.jp/pages/mseigo6/

スマートフォンから

QR コードを読み取る

2　入力フォームに、必要な情報を入力して送信すると、ダウンロードページの URL がメールで届く

3　ダウンロードページを開き、ダウンロード をクリックして、パソコンまたはスマートフォンに保存

4　ダウンロードしたデータをそのまま読むか、プリンターやコンビニのプリントサービスなどでプリントアウトする

もくじ

はじめに …… 2
『小学校6年生の英語が1冊でしっかりわかる本』の4つの強み …… 4
この本の使いかた …… 5
音声ダウンロードの手順 …… 8
特典PDFのダウンロード方法 …… 8

Lesson1 自己紹介(しょうかい)をする …… 10
I'm from Singapore.／Where are you from?

Lesson2 日本のことを紹介する …… 20
We have many festivals in August.

Lesson3 自分以外の人を紹介する …… 30
This is Takahashi Takahiro.／He is a Japanese figure skater.

Lesson4 買い物をする …… 40
What would you like?／I'd like pizza.
How much is it?／It's 8 dollars.

Lesson5 夏休みの思い出を紹介する …… 50
I went to Mt. Fuji.／I enjoyed camping.／I ate curry.
It was great.

Lesson6 自分が住んでいる町を紹介する …… 60
We have a library in this city.／We don't have a big park in this city.
I want a big park.

Lesson7 日常生活について伝える …… 70
I usually watch soccer games on Sundays.
What do you usually do on weekends?

Lesson8 中学校でやりたいこと …… 80
I want to join the computer club.／What club do you want to join?

Lesson9 小学校の思い出 …… 90
My best memory is the school trip.／What is your best memory?

Lesson10 将来の夢 …… 100
I want to be a vet.／What do you want to be?

アルファベットを書いてみよう！ …… 110

Lesson 1 自己紹介(しょうかい)をする

この Lesson のゴール

- 自己紹介(しょうかい)ができる
- 出身地をたずねたり、言ったりすることができる

大切な文

I'm from Singapore.
私はシンガポール出身です。

▶「～出身です」は from を使おう！

「私は～出身です」と言うときは **"I'm from 場所."** の形を使います。from はもともと「～から」という「出発点」を表します。また、I'm は I am の短縮形(たんしゅくけい)で、am は「です」と訳すことが多いのですが、本来は「いる（ある）」という「存在」の意味があります。この am と from が結びつくと「～を出発点として（from ～）存在している（am）」→「～出身です」となるわけです。

I am from 場所.

「いる+～を出発点として」
↓
「～出身である」

▶ am と are を使いわけよう！

am という単語は **be 動詞**と呼ばれていて、**「状態（～だ）」**や**「存在（ある・いる）」を表します。** be 動詞は am のほかにも **are** や **is** などがあり、I や you などの「～は・～が」にあたることば（これを「**主語**」といいます）によって使いわける必要があるんです。

[be動詞の使いわけ]

主語「～は・～が」	be動詞	日本語訳
I(私は)	am	私は～です。
You(あなたは)	are	あなたは～です。
I・You以外・単数※	is	…は～です。

※ものや人が「1つ・1人」のときを「単数」といいます。

大切な文

Where are you from?

あなたはどちらの出身ですか？

▶ where を使って出身地をたずねよう！

相手の出身地について質問したいときは、I'm from 場所. の文をたずねる文に変えましょう。「**あなたは**どちらの出身ですか？」なので、**I「私は」を you「あなたは」に変え、be 動詞を are に変えて文の先頭に移動します。**

さらに具体的な場所をたずねたいときは、場所**の部分を where「どこ」に変えて、文の先頭に出せば完成です。**

ふつうの文	I am from 場所 .	「私は～出身です」
たずねる文	Are you from 場所 ?	「あなたは～出身ですか？」
具体的な場所をたずねる文	Where are you from?	「あなたはどちらの出身ですか？」

単語や語句を確認しよう

where「どこ」

(ホ)ウェア

実際の会話では「ホウェア」ではなく「ウェア」のように発音されることが多いです。

be from ～「～出身です」

ビー フラム

“be from ～ ”の“be”とは、「いる・～です」の意味を表す am、are、is のもとの形（「原形」といいます）で、まとめて「be 動詞」といいます。実際の英語では、“be”の部分を主語の種類によって I am ～ . や You are ～ . のように変え、am、are、is を使いわけてください。

Canada「カナダ」

キャナダ

be famous for ～「～で有名です」

ビー フェイマス フォ

famous は「有名な」という意味で、「～で有名です」と言うときは必ず be 動詞といっしょに使います。この for は「～で・～を理由に」という意味を持ちます。

its「それの」

イッツ

my book「私の本」の my「私の」は、後ろの単語とセットにして「持ち主」を表します。それと同じように it「それは」が変形して「持ち主」を表すのが its「それの」です。今回の会話に出てくる its nature「それの自然」の its は Canada「カナダ」を受けているので、「カナダの自然」という意味です。ちなみに、it is「それは～です」の短縮形 it's と発音は同じですが、使いかたがまるでちがうので、場面に合わせて使いわけてください。

nature「自然」

ネイチャ

[いろいろな国名]

1-4

アジア

□Japan「日本」 □China「中国」 □South Korea「韓国」
□India「インド」 □Singapore「シンガポール」

欧米

□the U.S.A.「アメリカ合衆国」 □Canada「カナダ」
□France「フランス」 □Germany「ドイツ」 □Italy「イタリア」
□Spain「スペイン」 □the UK「英国」 □Russia「ロシア」

オセアニア

□New Zealand「ニュージーランド」
□Australia「オーストラリア」

[いろいろな都市名]

1-5

□Tokyo「東京」 □New York「ニューヨーク」
□London「ロンドン」 □Beijing「北京(ペキン)」 □Milan「ミラノ」
□Paris「パリ」 □Sydney「シドニー」 □Seoul「ソウル」
□Moscow「モスクワ」

東京などの大きな都市名はそのまま言っても通じることがよくあります。ボクはいろいろな国に行っていますが、メキシコ・スペイン・イタリア・クロアチア・スイス・ポーランド・モンゴル…どこでも I'm from Tokyo. と言うだけで日本だとわかってもらえます。

\ 基本の英会話を身につけよう /

Yuya と Annie が自己紹介(しょうかい)をしている場面の一部です。

Yuya : **Where are you from?** …… ❶

Annie : **I'm from Canada.** Canada is famous for its nature. …… ❷

日本語訳と解説

❶

ユウヤ：あなたはどこ出身ですか？

be from ～「～出身です」のたずねる文の語順になっています。

where のように wh などではじまる単語でたずねる文は、最後を下げ調子で発音します。

○）Where are you from? ↘

×）Where are you from? ↗

❷

アニー：私はカナダ出身です。カナダはその自然で有名です。

Canada is famous for its nature. は be famous for ～「～で有名だ」が使われています。be 動詞の前に Canada がきているので、be 動詞は is を使います。

また、its「それの」は Canada のことなので、**its** nature で「**カナダの**自然」という意味です。

わからなかった単語は、前のページや辞書で確認してみましょう。
英文を何度か読んで、文の意味を考え、わからないところにはえんぴつで線を引いておきましょう。

➡ “自然な”日本語訳

❶ ユウヤ：どこ出身？

❷ アニー：カナダ出身よ。カナダは自然で有名なの。

[そのほか自己紹介で使える表現]

あいさつ

□**Good morning.**「おはよう」

□**Hello.**「こんにちは」

□**How are you today?—Fine, thank you.**
「調子はどうですか？—いいですよ、ありがとう」
※実際の会話では fine のほかに、good を使って答えることもあります。

□**Nice to meet you.**「はじめまして」

□**Nice to meet you, too.**「こちらこそ、はじめまして」

□**How do you spell your name?**「あなたの名前はどのようにつづるのですか？」

□**What is your name?**「あなたの名前は何ですか？」
※実際の会話では What is が What's と短縮形になることが多いです。

名乗る

□**I'm ～.**「私は～です」

□**My name is ～.**「私の名前は～です」

好きなものを伝える

□**I like** 好きなもの**.**「私は～が好きです」

□**My favorite ～ is … .**「私の一番好きな～は…です」

誕生日をたずねる・伝える

□**When is your birthday? —My birthday is ～.**
「あなたの誕生日はいつですか？」—「私の誕生日は～です」

練習問題

1 次の日本語に合う英文になるように［　］内の語を並べかえましょう。
文頭（文の最初）にくるものも［　］内では小文字になっています。

(1) 私は日本の出身です。［　from / I / Japan / am / .　］

(2) あなたはどこの出身ですか？［　you / where / are / from / ?　］

(3) あなたは東京の出身ですか？［　Tokyo / are / from / you / ?　］

2 次の日本語を英語に直しましょう。

(1) 私は日本の出身です。

(2) 私はパリ出身です。

(3) 私はシドニー出身です。

3 次の都市名を表す単語を、あとから選んで書きましょう。

(1) ロンドン

(2) 北京（ぺきん）

Moscow	London	Milan	Beijing

1 (1) 答え：I am from Japan.

解説：「私は～出身です」は“I'm ［I am］ from 場所.”の形で表します。

(2) 答え：Where are you from?

解説：相手の出身地をたずねるときはWhere「どこ」で文をはじめて、are you from? というたずねる文を続けます。you are の順にしないように注意してください。

(3) 答え：Are you from Tokyo?

解説：今回は「どこですか？」ではなく「東京出身ですか？」と具体的にたずねているので、where は使わず、from の後ろに Tokyo という都市名がきています。

2 (1) 答え：I'm[I am] from Japan.

解説：「私は～出身です」は“I am from 場所.”の形で表します。I am は短縮形 I'm を使っても OK です。英語で自己紹介（しょうかい）をするときによく使う表現なので、しっかり言えるようにしておきましょう。

(2) 答え：I'm[I am] from Paris.

解説：パリはフランスの首都です。日本語やフランス語では「パリ」ですが、英語は「パリ**ス**」と発音します。

(3) 答え：I'm[I am] from Sydney.

解説：Sydney はオーストラリア南東部にある都市です。英語の発音は「シドニー」ではなく「**スィ**ドニー」です。ちなみにオーストラリアの首都はキャンベラ（Canberra）です（シドニーではありません）。

3 答え：(1) London

(2) Beijing

解説：ロンドンはイギリスの首都、北京は中国の首都です。北京は「ペキン」という日本語と英語（Beijing）でかなり異なるので注意してください。また、Moscow「モスクワ」はロシアの首都、Milan「ミラノ」はイタリアの都市で、観光地として有名です（ちなみにイタリアの首都は Rome「ローマ」です）。

\ネイティブの英会話をのぞいてみよう /

新学年、新しいクラスになり、初日にクラスメートとお互いに自己紹介(しょうかい)をしている場面です。

Annie : Hi, everyone. My name is Annie. I like animals. I have a dog. This is a picture of my dog. Her name is Molly.

Nanami : She's so cute!

Annie : Thanks!

Yuya : **Where are you from?**

Annie : **I'm from Canada.** This is my house in Canada. And this is my room.

Yuya : Wow, everything is orange!

Annie : Yes, my favorite color is orange.

Ryota : You have a guitar in your room.

Annie : Yeah, I can play the guitar! I also like singing.

語句

・Hi「やあ」

❗ Hello. よりもくだけた表現で、実際の会話では Hello. よりもよく使われます。

・everyone「みんな」　・like「好きだ」　・animal「動物」

・picture「写真・絵」　・of「の」

❗ "A of B" の形で「B の A」という表現です。今回の会話では a picture of my dog「私の犬の写真」で使われています。

・so「とても」

❗「とても」は very という単語もありますが、so のほうがより気持ちがこもった表現になります。気持ちが表情に表れるイメージです。

・This is ～ .「これは～です」

❗「これは～です・こちらは～です」と、人でも、ものでも、何かを紹介するときに使います。

・everything「すべて」

・play the guitar「ギターを弾(ひ)く」

❗「楽器を演奏する」と言うときは "play the 楽器名" の形を使います。

・also「～もまた」

・singing「歌うこと」

❗ sing「歌う」が -ing の形に変化して singing「歌うこと」になりました。発音は「シンギング」ではなく「**スィ**ンギング」です。

日本語訳

アニー：みなさん、こんにちは。私の名前はアニーです。（私は）動物が好きです。（私は）犬を飼っているよ。これがうちの犬の写真。名前はモリーだよ。

ナナミ：すごくかわいいね！

アニー：ありがとう！

ユウヤ：（あなたは）どこ出身なの？

アニー：（私は）カナダ出身よ。これはカナダの家。そしてこれは私の部屋だよ。

ユウヤ：わあ、全部オレンジだ！

アニー：うん、（私は）オレンジ色が好きなんです。

リョウタ：（あなたの）部屋にはギターがあるね。

アニー：うん、ギターが弾けるの！　歌うのも好きよ。

Lesson 2 日本のことを紹介(しょうかい)する

この Lesson のゴール

- 日本の行事や文化を、外国の人に伝えることができる

大切な文

We have many festivals in August.

8月にはたくさんお祭りがあります。

▶ have を使いこなそう！

have はもともと「持つ」という意味ですが、私たち日本人が考えるよりも、いろいろな場面で使えます。

たとえば、We have many festivals. なら「私たちはたくさんのお祭りを**持っている**」→「たくさんのお祭りが**ある**」と表現できます。

We have many festivals in August.

「私たちは8月にたくさんのお祭りを持っている」

「8月にたくさんのお祭りがある」

▶ "in+ 月名 " と "in+ 季節 " の意味って？

in は「中に」と訳されることが多いですが、本来のイメージは「包囲（ほうい）（すっぽり包まれている）」というものです。「〇月に」や「季節」を表すときは **"in+ 月名 " "in+ 季節 "** で表します（この in は「時の包囲」の意味）。

また、**月の名前は最初の文字を必ず大文字にします。**

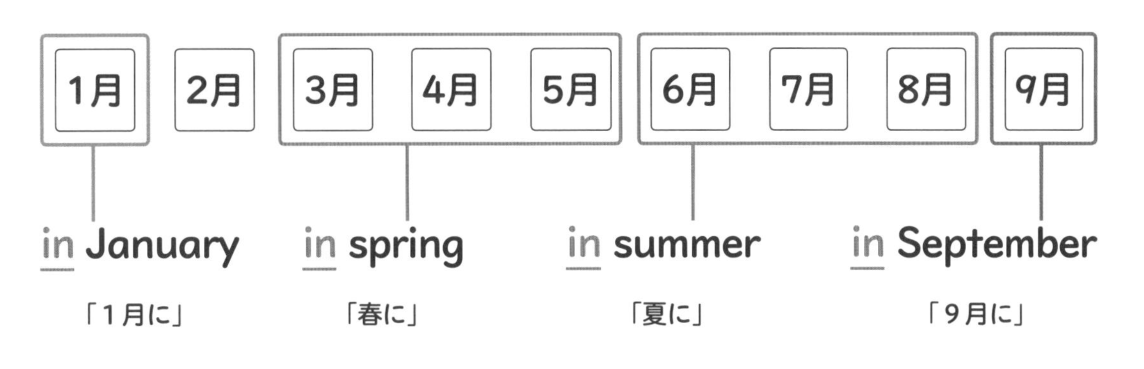

「1月に」　「春に」　「夏に」　「9月に」

[月の名前]

2-2

□January「1月」　□February「2月」　□March「3月」
□April「4月」　□May「5月」　□June「6月」
□July「7月」　□August「8月」　□September「9月」
□October「10月」　□November「11月」　□December「12月」

[季節の名前]

2-3

□spring「春」　□summer「夏」
□fall／autumn「秋」　□winter「冬」

単語や語句を確認しよう

know「知る」

ノウ

最初の k は読みません。このように、英語には「書かれていても読まない文字」があります。

chocolate「チョコレート」

チョコレット

Yup!「うん！」

ィヤップ

Yes.「はい」をくずした言いかたです。仲の良い友だち同士の会話などではよく使われます。

eat「食べる」

イート

festival「お祭り」

フェスティヴァル

音楽の「フェス」というのは、この festival のことなんです。

many「たくさんの」

メニ

August「8月」

オーガスト

[日本を紹介(しょうかい)するときによく使う単語]

2-5

食べ物

□rice ball「おにぎり」
□green tea「緑茶」
□matcha ／ matcha green tea「抹茶(まっちゃ)」
□Japanese sweets「和菓子」

自然

□mountain「山」

※「〜山」と言うときは Mt. 〜の形を使います。たとえば「富士山」なら Mt. Fuji と言います。

□sea「海」
□beach「浜辺」
□lake「湖」
□river「川」
□island「島」
□snow「雪」
□hot spring「温泉」

場所

□temple「寺」
□shrine「神社」
□castle「城」
□peace park「平和公園」
□gassho style house「合掌造(がっしょうづく)り」

行事

□snow festival「雪まつり」
□star festival「七夕祭り」
□bon festival「お盆(ぼん)休み」

※「お盆」はそのまま Obon と表します。「お盆休み」を英語にすると Obon festival、Obon vacation、Obon holiday のようになります。

□fireworks「花火」

\ 基本の英会話を身につけよう /

Ryota は Annie に写真を見せながら会話をしています。

Ryota : Do you know this? …… 1

Annie : Is it chocolate? …… 2

Ryota : Yup! It's a chocolate banana. We eat it at festivals. **We have** many festivals **in August.** …… 3

日本語訳と解説

1

リョウタ：あなたはこれを知っていますか？

You know this.「あなたはこれを知っています」という文を、先頭に Do を置いてたずねる文にしたのが、Do you know this?「あなたはこれを知っていますか？」です。

2

アニー：それは、チョコレートですか？

It is chocolate.「それはチョコレートです」の is を文の先頭に移動して、たずねる文にしたのが、Is it chocolate?「それはチョコレートですか？」です。この it はリョウタのことばにある this のことです。「これ知ってる？」→「それはチョコレート？」という流れです。it はいろいろな「もの」に対して使われます。

3

リョウタ：うん！ それはチョコレートバナナです。お祭りで食べます。
8月にはたくさんお祭りがあります。

We eat it at festivals. の it は、a chocolate banana です。
最後の文は "We have ～ ." の形で「～がある」という意味で使われています。

わからなかった単語は前のページや辞書で確認してみましょう。
英文を何度か読んで、文の意味を考え、わからないところにはえんぴつで線を引いておきましょう。

“自然な”日本語訳

❶ リョウタ：これ知ってる？

❷ アニー：チョコレート？

❸ リョウタ：そう！ チョコバナナ。お祭りで食べられるよ。8月にはたくさんお祭りがあるんだ。

［そのほか日本を紹介するときに使える表現］

2-7

おすすめの場所でできることを伝える

□**You can see ～.**「～を見ることができますよ・～に会えますよ」

□**You can visit ～.**「～を訪れることができますよ」

□**You can eat ～.**「～を食べることができますよ」

□**You can enjoy ～.**「～を楽しむことができますよ」

その他

□**Please visit** 場所**.**「場所を訪れてみてください」

□**It's beautiful.**「それは美しいです」

□**It's fantastic.**「それはすばらしいです」

□**It's fun.**「それはおもしろいです」

練習問題

1 次の日本語に合う英文になるように［　］内の語（句）を並べかえましょう。文頭にくるものも［　］内では小文字になっています。

(1) 8月にはたくさんお祭りがあります。
［ festivals / have / in August / many / we / . ］

(2) 5月にはこどもの日があります。
［ Children's Day / we / May / have / in / . ］

2 次の日本語を英語に直しましょう。

3月にはひな祭り（the Doll's Festival）があります。

3 次の月の名前を英語で書きましょう。

(1) 2月

(2) 10月

4 次の季節の名前を英語で書きましょう。

(1) 夏

(2) 冬

❶ (1) 答え：We have many festivals in August.

(2) 答え：We have Children's Day in May.

解説：「(イベントなどが) ある」と言うときはWe have ～. を使います。また、「○月に」と言うときは"in+月名"のようにinを使います。「こどもの日」はChildren's Day（発音は「チルドレンズ デイ」）といいますが、childrenはchild「子ども（発音は「チャイルド」）の複数形です。英語ではふつう、数えられるものや人が2つ［2人］以上のときに「複数形」という形にします。

❷ 答え：We have the Doll's Festival in March. ／ In March, we have the Doll's Festival.

解説：❶と同じように、「(イベントなどが) ある」と言うときはWe have ～. を使います。「3月に」を表すin Marchは、文の最初と最後、どちらに置いてもOKです。

※「ひな祭り」は、教科書によって"Dolls' Festival"や"Doll Festival"という表記もあります。

❸ 答え：(1) February

(2) October

解説：月の名前を表す単語の最初は必ず大文字です。(1) のFebruary「2月」はFebruaryの1つめのrを忘れることが多いので注意してください。

❹ 答え：(1) summer

(2) winter

解説：(1) のsummer「夏」のつづりはmが2つあるので注意してください。なお、「夏に」「冬に」は"in+季節"の形にします。

\ネイティブの英会話をのぞいてみよう /

お互いに写真を見せながら会話をしている場面です。

Nanami : This is a picture of my family.
(温泉宿の前で撮った写真を見せるナナミ)

Annie : Where did you take this picture?

Nanami : In Oita. **We have** hot springs in Oita.

Yuya : I took this picture last month. Do you know this?

Annie : I'm not sure.

Yuya : It's *chirashizushi*. Many people eat it on the Doll's Festival. **We have** the Doll's Festival **in March**.

Ryota : I also have a picture of Japanese food! Do you know this?

Annie : Is it chocolate?

Ryota : Yup! It's chocolate bananas. We eat it at festivals. **We have** many festivals **in August**.

Annie : Wow! I want to go to a festival!

語句

・**where「どこで」**　・**take a picture「写真を撮る」**

・**hot spring「温泉」**

spring はもともと「飛び出す」という意味があり、地中から飛び出してわき出てくるもの→「泉」という意味もあります。そして「バネ」の意味もあるので、これらに関連づけて「熱い（hot）お湯が飛び出す泉（spring）」→「温泉」と覚えてください。

・**last month「先月」**

日本語でも「最後」のことを「ラスト」と言いますね。「（今までの中で）最後の」→「この前の」となり、「この前の月」→「先月」と覚えましょう。

・**people「人々」**　・**the Doll's festival「ひな祭り」**

・**Japanese food「日本食」**

Japanese は単独では「ヂャパニーズ」のように後ろを強く読みますが、Japanese food のようにセットになるときは「**ヂャ**パニーズ フード」のように「ヂャ」の部分を強く読みます。

・**want to ～「～したい」**

日本語訳

ナナミ：これ、うちの家族の写真よ。

アニー：（あなたは）その写真、どこで撮ったの？

ナナミ：大分（おおいた）よ。大分には温泉があるの。

ユウヤ：この写真、先月撮ったんだ。（君は）これ知ってる？

アニー：ちょっとわからないわ。

ユウヤ：（それは）ちらし寿司って言うんだよ。多くの人がひな祭りに食べるんだ。ひな祭りは３月にあるよ。

リョウタ：ぼくも日本の食べ物の写真があるよ！　これ知ってる？

アニー：チョコレート？

リョウタ：そう！　チョコバナナ。お祭りで食べるんだ。８月にはお祭りがたくさんあるよ。

アニー：わあ！　お祭りに行きたい！

Lesson 3 自分以外の人を紹介(しょうかい)する

この Lesson のゴール

- he や she を使って自分以外の人を紹介できる

大切な文

This is Takahashi Takahiro.
こちらは高橋タカヒロです。

▶ 紹介するときは this「これは・こちらは」を使おう！

紹介するときは、**This is ～.「これは～です・こちらは～です」**を使います。日本語では「もの」を紹介するときは「これは」、「人」を紹介するときは「こちらは」のように使いわけますが、英語ではどちらも this を使います。

ものを紹介する文の例

This is a desk. 「これは机です」

人を紹介する文の例

This is Mr. Otani. 「こちらは大谷さんです」

大切な文

3-2

He is a Japanese figure skater.
彼は日本のフィギュアスケーターです。

▶「人」を説明するときに使う He や She

一度話題に出てきた「人」を説明するときは、次の表現を使って説明します。

He is ～ . 「彼は～です」

She is ～ . 「彼女は～です」

he は「ヒー」、she は「シー」と発音します。**he は男性、she は女性について説明するときに使います。**

この he や she は「代名詞（だいめいし）」と呼ばれ、人の名前を表す単語（名詞）のくり返しを避（さ）けるために、「**名詞の代わりに使われる単語**」です。

単語や語句を確認しよう

Who is ～？「～はだれですか？」

フー イズ

who is は who's に短縮することができます。短縮形の発音は「フーズ」です。

favorite「一番好きな」

フェイヴァリット

skater「スケーター・スケート選手」

スケイタ

poster「ポスター」

ポウスタ

Japanese「日本の」

ヂャパニーズ

今回は「日本の」という意味で使われていますが、「日本人」や「日本語」という意味もあります。

a gold medalist「金メダリスト」

ア ゴウルド メダリスト

the Olympics「オリンピック」

ジ オリンピクス

～, right?「～ですよね？」

ゥライト

ふつうの文の最後に right をつけて「～だよね？」と確認したり、念押ししたりすることができます。このとき、文の最後を上げ調子で読んでください。

yup 「うん」

ィヤップ

won 「勝ち取った」（win「勝ち取る」の過去形）

ワン

「１つ」の意味の one と同じ発音です。

win the gold medal 「金メダルを勝ち取る」

ウィン ザ ゴウルド メダル

win は「勝つ」と習うことが多く、ほとんどの参考書にもそう書いてありますが、「勝ち取る」という意味でもよく使われます。

twice 「２回」

トゥワイス

\基本の英会話を身につけよう/

Nanami は Annie に写真を見せながら会話をしています。

Annie：Who is your favorite skater? …… ①

Nanami：I have a poster. **This is** Takahashi Takahiro. **He is** a Japanese figure skater. …… ②

Annie：**He is** a gold medalist in the Olympics, right? …… ③

Nanami：Yup, he won the gold medal twice! …… ④

日本語訳と解説

① アニー：あなたの一番好きなスケーターはだれですか？

who は「だれ」と「人」をたずねるときに使います。今回は Who is ～？「～はだれですか？」の形を使って「好きなスケーター」をたずねています。

② ナナミ：私はポスターを持っています。こちらは高橋タカヒロです。彼は日本のフィギュアスケーターです。

This is ～.「こちらは～です」を使って紹介し、そのあとに He is ～.「彼は～です」を使って説明しています。この This is ～. → He is ～. の流れをしっかり使えるようにしておきましょう。

③ アニー：彼はオリンピックの金メダリストですよね？

He is ～. を使って説明が続きます。今回は最後に right? をつけて「～だよね？」と相手に確認しています。この right は、実際の会話でもとてもよく使われます。

④ ナナミ：そう、彼は２回金メダルを取っています！

わからなかった単語は前のページや辞書で確認してみましょう。
英文を何度か読んで、文の意味を考え、わからないところにはえんぴつで線を引いておきましょう。

“自然な”日本語訳

① アニー：一番好きなスケーターはだれ？
② ナナミ：ポスターがあるの。高橋タカヒロよ。日本人のフィギュアスケーターなの。
③ アニー：オリンピックの金メダリストだよね？
④ ナナミ：そう、２回金メダルを取っているわ！

[そのほか人を紹介（しょうかい）するときに使える表現]

「人」を説明することば

□**She can ～.**「彼女は～できる」

□**She can't[cannot] ～.**「彼女は～できない」

□**be good at -ing**「～することが得意だ」

□**be kind to** 人「人に親切だ」

人の性格や様子を表すことば

□**He[She] is** 様子を表すことば**.**「彼は[彼女は]～だ」

↓

□**brave**「勇敢（ゆうかん）な」　□**strong**「強い」　□**famous**「有名だ」

練習問題

1 次の日本語に合う英文になるように［　］内の語（句）を並べかえましょう。文頭にくるものも［　］内では小文字になっています。

(1) こちらは石川先生です。
[is / Ms. Ishikawa / this / .]

(2) 彼女は私の算数の先生です。
[math teacher / is / my / she / .]

2 次の日本語を英語に直しましょう。

(1) これはエド・シーラン（Ed Sheeran）です。

(2) 彼は有名な歌手（singer）です。

(3) 彼女は私が一番好きなダンサー（dancer）です。

解答・解説

❶ (1) 答え：This is Ms. Ishikawa.

解説：「こちらは［これは］～です」と紹介（しょうかい）するときは“This is ～.”を使います。「先生」は Mr.（男性）や Ms.（女性）を使って表します。英語では“○○ teacher”とは言わないので、注意してください。

(2) 答え：She is my math teacher.

解説：女性について説明するときは“She is ～.”を使います。

❷ (1) 答え：This is Ed Sheeran.

解説：「こちらは［これは］～です」と紹介するときは“This is ～.”を使います。この問題では、“～”に Ed Sheeran を入れれば OK です。

(2) 答え：He is a famous singer.

解説：男性について説明するときは“He is ～.”を使います。「有名な」は famous（発音は「フェイマス」）を使い、「有名な歌手」は a famous singer となります。a のつけ忘れにも注意してください。singer「歌手」はもともと sing「歌う」に「人」を意味する er がついてできた単語です。動作を表すことばに er がつくと「～する人」という意味になります。たとえば、play → player「選手・プレイヤー」などがあります。

(3) 答え：She is my favorite dancer.

解説：女性について説明するときは“She is ～.”を使います。「一番好きな」は favorite で、「私が一番好きなダンサー」は my favorite dancer となります。(2) の singer と同じように、dancer は dance「おどる」に r だけがついて（結果的に dancer は er で終わりますね）、「おどる人→ダンサー」となりました。

\ネイティブの英会話をのぞいてみよう / 

クラブ活動の前に Nanami と Annie が会話している場面です。

Nanami : Hi, Annie!

Annie : Hi, Nanami! You look happy.

Nanami : Yeah, I'm going to a figure skating competition tonight. I can't wait!

Annie : Nice! **Who is** your favorite skater?

Nanami : I'll show you. I have a poster.
（A4サイズのポスターを出す）
This is Takahashi Takahiro. **He is** a Japanese figure skater.

Annie : He won the gold medal in the Olympics, right?

Nanami : Yup, he won the gold medal twice!

Annie : That's amazing!

語句

・look「見える」

look の後ろに happy「幸せな・うれしい」、tired「疲(つか)れて」、surprised「おどろいて」のような「様子を表すことば」を置いて、「〜のように見える」の意味で使います。

・be going to 〜「〜に行く予定だ」

go は「行く」ですが、be 動詞（今回の会話では am）といっしょに使い、“be going to 場所”の形（“be 動詞 +-ing”を「進行形」といいます）で、「〜へ行く予定だ」という意味になります。

・competition「試合」　・tonight「今夜」

・can't 〜「〜できない」

can「〜できる」に not「〜ではない」がついて、短縮されたのが can't です。can と not をくっつけた cannot も同じ意味です。

・wait「待つ」

I can't wait! の直訳（一字一句そのまま訳すこと）は「私は待てません」ですが、「すごく楽しみ」くらいの感じでよく使われます。

・That's amazing!「それはすごいですね！」

「おどろき」を表すときに使う表現です。amazing は「びっくりさせるような」という意味で、ここでは「(びっくりさせるくらい）すごい」ということです。

日本語訳

ナナミ：こんにちは、アニー！

アニー：こんにちは、ナナミ！　うれしそうだね。

ナナミ：うん、今晩、フィギュアスケートの大会に行くんだ。すごく楽しみ！

アニー：いいね！　(あなたの）好きなスケート選手はだれ？

ナナミ：(私はあなたに）見せてあげるね。ポスターを持ってるの。これは高橋タカヒロよ。彼は日本のフィギュアスケーターなの。

アニー：オリンピックの金メダリストだよね？

ナナミ：そう、金メダルを２回取っているの！

アニー：それはすごいね！

Lesson 4 買い物をする

この Lesson のゴール

- 値段を聞いたり、注文したりすることができる

大切な文

A：What would you like? 何にしますか？
B：I'd like pizza. ピザをください。

▶ "I'd like ～." を使って注文しよう！

"I would like ものの名前." で**「私は～がほしい」という意味**で、お店で注文するときは**「～をください」という意味**で使えます。I would を短縮して "I'd like ものの名前." の形になったのが今回の 大切な文 です。

▶ 店員が注文をとるときに使うのは What would you like?

店員が注文をとるときは、I'd like ～. をたずねる文にした **What would you like? を使います。**

I would like ものの名前. の would を先頭に出し（I を you に変えるのを忘れずに）、今回たずねたい "ものの名前" を What に変えて先頭に移動させれば完成です。

直訳は「あなたは何がほしいですか？」ですが、店員が注文をとるときに言うので、「何にしますか？」という訳になります。

ふつうの文	I'd like ものの名前.	「～をください」
ふつうの文	I would like ものの名前.	「～をください」
	↓ wouldを文の先頭に移動させてたずねる文をつくります。	
たずねる文	Would you like ものの名前?	「あなたは～がほしいですか？」
ほしいものが何かをたずねる文	What would you like?	「何にしますか？」

ちなみに、What would you like? の発音は What の t が飲みこまれ、さらに would と you がくっついて「ワッ ウッジュ ライク」のように聞こえます。

大切な文

A：How much is it? それはいくらですか？

B：It's 8 dollars. それは 8 ドルです。

▶ how much で「値段」をたずねよう！

「いくらですか？」と「値段」をたずねるときは、how much を使います。

たとえば It is 8 dollars.「それは 8 ドルです」という文で、「値段（=8 dollars）」の部分をたずねる文を考えてみましょう。最初に **is を先頭に移動させ、Is it 8 dollars? にします。**

次に**たずねたいところ**（今回は「値段」の部分=8 dollars）**を how much にして文の先頭に移動させれば完成です。**

ふつうの文	**It is 8 dollars.**	「それは 8 ドルです」
たずねる文	**Is it 8 dollars ?**	「それは 8 ドルですか？」
値段をたずねる文	**How much is it?**	「それはいくらですか？」

it の部分に「商品名」を入れて、How much is a cheeseburger?「チーズバーガーはいくらですか？」と具体的にたずねることもできます。

▶ 金額を答えるときは "It is 金額 ＋ 単位 ."

How much ～？に答えるときは "It is 金額＋単位." の形を使います。It is の部分は It's のように短縮形を使っても OK です。金額を英文で書くときは「数字」を使うことが多いので、しっかり読める、言えるようにしておきましょう（45ページ）。

単語や語句を確認しよう

Hi「やあ」

ハイ

Hello. をくずしたイメージでよく使われます。今回の会話では店員のことばに Hi. が出てきますが、お客さんに親しみをこめて使っているというわけです。

chocolate banana「チョコレートバナナ」

チョコレット バナナ

chocolate は「チョコレート」ではなく「**チョ**コレット」のように発音し、「チョ」の部分を強く読むのがコツです。

yen「円」

ィエン

日本語のお金の単位「円」がそのまま英語になったものです。

then「それでは」

ゼン

[値段を表す単語]

4-4

- □ **1 dollar**「1 ドル」
- □ **2 dollars**「2 ドル」
- □ **10 dollars**「10ドル」
- □ **100 dollars**「100ドル」
- □ **1 yen**「1 円」
- □ **2 yen**「2 円」
- □ **10 yen**「10円」
- □ **100 yen**「100円」

「円 (yen)」や「ドル (dollar)」などの単位を表す単語もチェックしておきましょう。yen は 2 円以上でも yen のままですが、dollar「ドル」は、2 ドル以上になると dollars と **s** をつけないといけません。

［レストランなどで使える表現］

4-5

Lesson 4では「お祭りの縁日（えんにち）」での買い物の場面の会話ですが、ここではレストランなどで使える表現をまとめたので、チェックしてみてください。

注文するとき

【店員】

□**Are you ready to order?**「ご注文はいかがいたしますか？」

□**Anything else?**「ほかにはいかがですか？」

□**How about a drink?**「お飲み物はいかがですか？」

【お客さん】

□**I'll have ～.**「～にします」

※ I'd like ～ . 以外にも、have を使って注文することもできるんです。

□**I'll have the same.**「私もそれにします」

□**That's all.**「それで（注文は）全部です」

会計するとき

【お客さん】

□**The check, please.**「お会計をお願いします」

【店員】

□**Here is your change.**「こちらがおつりです」

※ おつりを渡すときの表現です。change は「小銭に変わってもどってくるもの」ということで、change が「おつり」の意味になりました。

\基本の英会話を身につけよう/

お祭りの屋台での会話です。

Annie : How much is a chocolate banana? …… 2

Man : It's 200 yen. …… 3

Annie : OK. I'd like a chocolate banana, then. …… 4

日本語訳と解説

1
男性：こんにちは。何がいいですか？

What would you like?「あなたは何がほしいですか？」→「何がいいですか・何にしますか？」とお客さんに声をかけています。

2
アニー：チョコレートバナナはいくらですか？

how much「いくら」を使ってチョコレートバナナの「値段」をたずねています。ちなみに日本の場合とちがって、海外の屋台では値段が書いていないこともあるので、この表現は海外旅行でよく使いますよ。

3
男性：200円です。

It's 200 yen. の it は a chocolate banana のことです。"200 yen" は "two hundred yen" と読みます。hundred「100」の発音は「ハンドゥレッド」です。

4
アニー：わかりました。じゃあ、チョコレートバナナをください。

"I'd like ものの名前." 「～をください」を使って注文しています。最後の then は「じゃあ」という感じで英語が得意な人でもなかなか使えません。みなさんが使ったら、ものすごくカッコイイですよ。

わからなかった単語は前のページや辞書で確認してみましょう。
英文を何度か読んで、文の意味を考え、わからないところにはえんぴつで線を引いておきましょう。

➡ " 自然な " 日本語訳

❶ 男性：こんにちは。何にしますか？
❷ アニー：チョコバナナはいくらですか？
❸ 男性：200円です。
❹ アニー：わかりました。じゃあ、チョコバナナをください。

[そのほか買い物で使える表現]

店員が使う表現

□**This is our menu today.**「こちらが本日のメニューです」

□**How about ～?**「～はいかがですか？」

その他

□**Let's see.**「ええと」

※会話のやりとりで、間をつなぐときに使います。英語を話すときは、日本語で「ええと」と言うのではなく Let's see. と言って間をつないでください。

数を表すことば

1	one	11	eleven	30	thirty
2	two	12	twelve	40	forty
3	three	13	thirteen	50	fifty
4	four	14	fourteen	60	sixty
5	five	15	fifteen	70	seventy
6	six	16	sixteen	80	eighty
7	seven	17	seventeen	90	ninety
8	eight	18	eighteen	100	hundred
9	nine	19	nineteen	1000	thousand
10	ten	20	twenty		

練習問題

1 次の日本語に合う英文になるように［　］内の語を並べかえましょう。
文頭にくるものも［　］内では小文字になっています。

(1) 何にしますか？（店員がお客さんから注文をとる場面で）
［　like / what / you / would / ?　］

(2) サンドイッチはいくらですか？
［　much / sandwich / is / how / a / ?　］

2 次の日本語を英語に直しましょう。

(1) 何にしますか？（店員がお客さんから注文をとる場面で）

(2) チーズバーガー（cheeseburger）をください。

(3) それはいくらですか？

(4) 4ドルです。(It is で文をはじめて)

4-8

❶ (1) 答え：What would you like?

解説：店員がお客さんに「何にしますか？」と言うときは、"I would like ～"「～がほしい」をたずねる文にして、What「何」を文の先頭に置きます「何がほしいですか？→何にしますか？」と考えます。

(2) 答え：How much is a sandwich?

解説：「値段」をたずねるときは、文の先頭にhow much「いくら」を置き、"How much is ～？"「～はいくらですか？」の形を使います。

❷ (1) 答え：What would you like?

解説：店員がお客さんに「何にしますか？」と言うときは、"I would like ～."「～がほしい」をたずねる文にして、What「何」を文の先頭に置きます。「何がほしいですか？→何にしますか？」ということです。

(2) 答え：I'd[I would] like a cheeseburger.

解説：注文をするときは、"I'd like ～."「～をください」の形を使います。I'd はI would の短縮形です。

(3) 答え：How much is it?

解説：❶の（2）と同じように、「値段」をたずねるときはHow much を文の先頭に置き、たずねる文を続けます。"How much is ～？"で「～はいくらですか？」となります。

(4) 答え：It is 4 dollars.

解説：金額を答えるときは"It is 金額 + 単位."の形です。42ページでも習ったように、dollar「ドル」は「2ドル」以上になったときはdollar**s**と**s**をつけた形（「複数形」といいます）にするのを忘れないでください。

\ネイティブの英会話をのぞいてみよう /

8月のお祭りで、チョコバナナとりんごあめを売っている屋台の前での会話です。

Man : Hi. **What would you like?**

Annie : **How much** is a chocolate banana?

Man : **It's 200 yen.**

Annie : OK. **I'd like** a chocolate banana, then.

Man : That'll be 200 yen. (200円渡される)

Thank you. Here you are.

Annie : Thank you!

語句

- **That'll be ～ yen.「～円です」**
- **Thank you.「ありがとうございます」**
- **Here you are.「はい、どうぞ」**

何かを人に手渡すときに Here you are.「はい、どうぞ」といいます。Here you are. のほかに、Here it is. や Here you go. も同じ意味で使うことができます。英検の面接で、カードを渡すときにも使えますよ。

日本語訳

男性：いらっしゃいませ。何にしますか？
アニー：チョコバナナはいくらですか？
男性：200円です。
アニー：わかりました。じゃあ、チョコバナナを（１つ）ください。
男性：200円になります。ありがとうございます。どうぞ。
アニー：ありがとうございます！

Lesson 5 夏休みの思い出を紹介(しょうかい)する

この Lesson のゴール

過去の体験などを伝えたり、たずねたりすることができる

大切な文

I went to Mt.Fuji. 私は富士山へ行きました。
I enjoyed camping. 私はキャンプを楽しみました。
I ate curry. 私はカレーを食べました。

▶ 体験を伝える表現を知ろう！

「～します」と「～しました」では、日本語でも少しだけ形が変わりますね。英語も形が変わります。「～しました」と**過去のことを表す形を「過去形」といいます。**

①「行った場所」を伝える ➡ I went to ～.「私は～へ行った」

go「行く」の過去形は went「行った」です。go や went の後ろにいきなり「場所」を置くことはできません。「～へ」という意味の to を忘れないでください。“to 場所”が後ろに続きます。

※大切な文にある Mt. Fuji の Mt. は「～山」」と、具体的な山の名前を出すときに使います（Mount を短くして Mt. と表します)。漠然(ばくぜん)と「山へ行く」と言うときは「山々が連(つら)なっているイメージ」で、go to the mountains のように複数形にするのが一般的です。

“to 場所”の形

I went to Mt.Fuji. 「私は富士山へ行きました」

②「したこと」を伝える

「楽しんだ・食べた・見た」ことを伝えるときは、それぞれ次の表現を使います。

I enjoyed ～.「私は～を楽しんだ」	enjoyed は enjoy「楽しむ」の過去形
I ate ～.「私は～を食べた」	ate は eat「食べる」の過去形
I saw ～.「私は～を見た［～に会った］」	saw は see「見る・会う」の過去形

※場所を表す単語や enjoy といっしょに使える単語は55ページを見てください

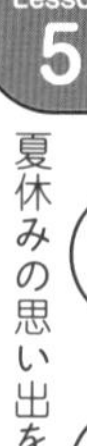

大切な文

5-2

It was great.

それはすばらしかったです。

▶ 自分の体験について、感想を言ってみよう

過去の感想を言うときは“〇〇 was ～.”「〇〇は～だった」を使います。「それは～だった」と言いたいときは“It was ～.”とします。was は am や is の過去形で、「～だった」という意味です。ちなみにこの It は、前の会話の中に出てきた話題（たとえば「〇〇へ行ったこと」や「〇〇を見たこと」などのことです。

また、“～”には、「感想を表す単語」がきます。

〇〇 was 感想を表す単語.　「〇〇は～だった」

［ 感想を表す単語 ］

5-3

- □**great**「すばらしい」
- □**good**「良い」
- □**nice**「良い」
- □**fun**「楽しい」
- □**delicious**「おいしい」
- □**exciting**「わくわくさせるような」
- □**beautiful**「美しい」
- □**cute**「かわいい」
- □**cool**「かっこいい」

単語や語句を確認しよう

how「どのように」

ハウ

Lesson 4（41ページ）で how much「いくら」が出てきましたが、how を１語で使うと「どのように・どうやって」と「方法・手段」や「様子」をたずねることができます。
たとえば、“How was ～？”「～は**どう**でしたか？」は「感想」をたずねる表現で、会話でもよく使います。

summer vacation「夏休み」

サマ ヴァ**ケ**イション

日本語でも「休暇（比較的長い期間の休み）」のことを「バケーション」といいますが、英語の発音は「ヴァ**ケイ**ション」または「ヴェイ**ケイ**ション」です。

great「とても良い・偉大な」

グ**レ**イト

もともとは「大きい」という意味で、「(大きくて）とても良い」、「偉大な」などさまざまなプラスの意味で使われるようになりました。「グ**レ**イト」のように後半の「**レ**」に力をこめて読むとネイティブっぽく、カッコよく発音できますよ。

went to ～「～に行った」（go to ～「～に行く」の過去形）

ウェント トゥ

go「行く」や went「行った」の後ろは“to 場所”の形です。to「～に」を忘れないようにしてください。また、went to がくっついて「**ウェ**ントゥ」のように発音されます。

Germany「ドイツ」

ジャーマニ

August「８月」

オーガスト

\ステップアップ/

「どこ」と「場所」をたずねるときはwhereを使います。I went to the mountains.「私は山へ行きました」のto the mountainsをたずねる文を考えてみましょう。

「～しましたか？」のように過去のことをたずねるときはdidを使って文をつくります。このdidが「過去の文ですよ」という目印になるので、wentはもとの形（go）に直します（もとの形のことを「原形（げんけい）」といいます）。

最後に、to the mountainsをまとめてwhereに変えて、文の先頭へ出せば完成です。the mountainsだけでなくtoを含めてwhereに変えるのがポイントです。

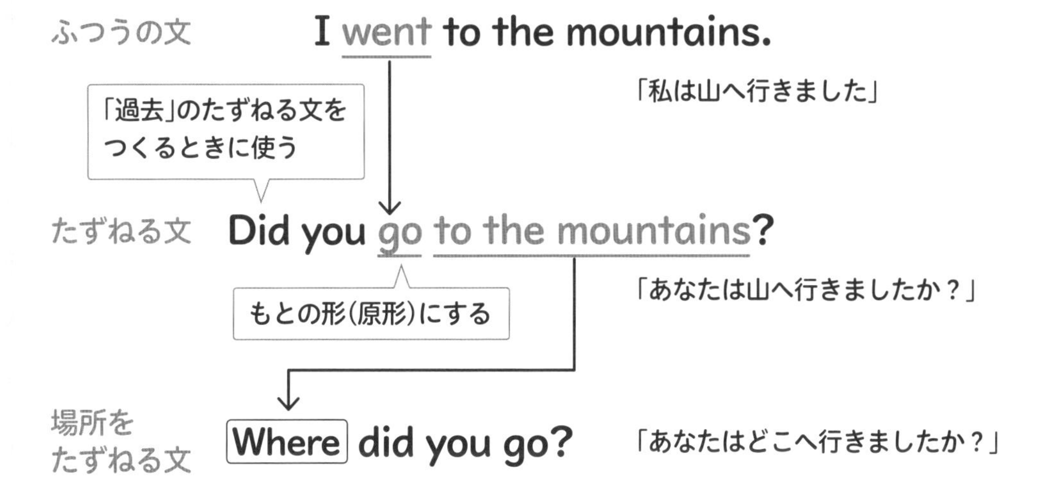

\こんなことも言えるよ！/

- □Where did you go this summer?　「あなたはこの夏にどこへ行きましたか？」
- □What did you do there?　「あなたはそこで何をしましたか？」
- □What did you eat there?　「あなたはそこで何を食べましたか？」
- □What did you see there?　「あなたはそこで何を見ましたか？」

※詳しい解説は55ページを見てください

\ 基本の英会話を身につけよう /

夏休み明けに、学校で Yuya と Ryota が会話をしている場面です。

Yuya : How was your summer vacation? …… ❶

Ryota : **It was great! I went to** Germany in August. …… ❷

日本語訳と解説

❶ ユウヤ：あなたの夏休みはどうでしたか？

howは「どのように」なので、直訳「あなたの夏休みはどのようでしたか？」→「夏休みはどうでしたか？」と感想をたずねる文です。

❷ リョウタ：すばらしかったです！ ぼくは8月にドイツに行きました。

「どうだった？」に対して It was great.「すばらしかったよ」と答えています。さらに、具体的な内容を伝えるために went to ～を使って、「行った場所」を伝えています。ちなみに「○月に」と言うときは in August のように in を使うのでしたね（21ページ）。

わからなかった単語は前のページや辞書で確認してみましょう。
英文を何度か読んで、文の意味を考え、わからないところにはえんぴつで線を引いておきましょう。

➡ “自然な”日本語訳

❶ ユウヤ：夏休み、どうだった？
❷ リョウタ：最高だったよ！　8月にドイツに行ったんだ。

＼ステップアップ／

「あなたはそこで何をしましたか？」と過去の体験をたずねるときは What did you do there? と言います。

　Where did you go? とポイントは同じですが、「どこ」ではなく「何」なので What を、また、「しましたか？」なので did と go ではなく did と do を使います。

　さらに、この形を基本にして do の部分にさまざまな単語を入れれば具体的な体験をたずねることができます。

基本の形　**What did you do there?**

do	「あなたはそこで何をしましたか？」
↓ eat	「何を食べましたか？」
see	「何を見ましたか？」

[「行った場所」を伝えるときに使える単語]

5-7

自然

- □**river**「川」
- □**mountain**「山」
- □**sea**「海」
- □**lake**「湖」
- □**beach**「ビーチ・浜辺」
- □**Mt. Fuji**「富士山」

施設など

- □**zoo**「動物園」
- □**aquarium**「水族館」
- □**library**「図書館」
- □**stadium**「競技場」
- □**department store**「デパート」
- □**swimming pool**「プール」
- □**amusement park**「遊園地」

[enjoyといっしょに使える表現]

5-8

アウトドア系

- □**enjoy camping**「キャンプを楽しむ」
- □**enjoy hiking**「ハイキングを楽しむ」
- □**enjoy fishing**「つりを楽しむ」
- □**enjoy jogging**「ジョギングを楽しむ」

インドア系

- □**enjoy reading**「読書を楽しむ」
- □**enjoy watching TV**「テレビを見るのを楽しむ」

練習問題

1 次の日本語に合う英文になるように［　］内の語を並べかえましょう。
文頭にくるものも［　］内では小文字になっています。

(1) 私は京都へ行きました。
［ went / Kyoto / I / to / . ］

(2) 私は買い物を楽しみました。
［ enjoyed / shopping / I / . ］

(3) あなたはどこへ行きましたか？
［ did / go / you / where / ? ］

2 次の日本語を英語に直しましょう。

(1) 私はキャンプを楽しみました。

(2) あなたは何を食べましたか？

(3) 私はカレーライス（curry and rice）を食べました。

(4) それはおいしかったです。

1 (1) 答え：I went to Kyoto.

5-9

解説：「私は～へ行きました」は "I went to ～." を使います。

(2) 答え：I enjoyed shopping.

解説：「私は～を楽しみました」は "I enjoyed ～." を使います。「買い物」は shopping なので "enjoyed shopping" とします。

(3) 答え：Where did you go?

解説：「～しましたか」と過去のことをたずねるときは、did を使ったたずねる文（did you ～?）にします。今回は「どこへ」なので文の先頭に Where を置きます。

2 (1) 答え：I enjoyed camping.

解説：「私は～を楽しみました」は "I enjoyed ～." です。enjoy camping で「キャンプを楽しむ」です。

(2) 答え：What did you eat?

解説：What「何」を文頭に置き、たずねる文をつづけます。「～しましたか？」と過去のことをたずねるときは did を使い、"did you ～?" にします。did を使った文では、動作を表す単語（「動詞」といいます）はもとの形（原形）を使います。ate「食べた」（過去形）ではなく eat を使う点に注意してください。

(3) 答え：I ate curry and rice.

解説：「私は～を食べました」は "I ate ～." を使います。eat「食べる」の過去形が ate「食べた」です。

(4) 答え：It was delicious[good].

解説：「それは～でした」と何かの感想を言うときは "It was ～." を使います。今回は「おいしかった」なので delicious や good を使います。

\ネイティブの英会話をのぞいてみよう /

夏休み明けにユウタとリョウタが会話をしている場面です。

Yuya : Hi, Ryota! How was your summer vacation?

Ryota : **It was great! I went to** Germany in August.

Yuya : Germany! What did you do there?

Ryota : **I went to** the Museum Island.

Yuya : What did you see there?

Ryota : **I saw** a lot of famous paintings. It was exciting!

Yuya : What did you eat in Germany?

Ryota : **I ate** sausages. This is a picture of a German sausage.

Yuya : Wow, it's big!

語句

・**there「そこで[へ]」**

よく there を「そこ」と覚えている人が多いのですが、正確には「そこで［へ］」という意味です。「で」や「へ」までいっしょに覚えてください。

・**see「見る・会う」**

「人を見る」→「会う」という意味にもなります。

・**saw「見た・会った」（see「見る・会う」の過去形）**

・**a lot of ～「たくさんの～」**

・**famous「有名な」**

"famous + ものの名前"「有名な～」の形が重要です。今回の会話では a lot of famous paintings「たくさんの有名な絵画」と出てきています。

・**painting「絵画」**

描(か)く「paint」が–ing の形に変化して paintaing「絵画」になりました。スポーツの応援などで、顔をカラフルに塗(ぬ)ることを「フェイス（顔）ペイント」といいます。

・**exciting「わくわくさせる」**

・**ate「食べた」（eat「食べる」の過去形）**

eat「食べる」は「イート」ですが、過去形の ate「食べた」は「エイト」と発音します。数の eight「８」と同じ発音です。

・**sausage「ソーセージ」**　・**picture「写真・絵」**

日本語訳

ユウヤ：こんにちは、リョウタ！ 夏休みはどうだった？

リョウタ：最高だったよ！ （ぼくは）８月にドイツに行ったんだ。

ユウヤ：ドイツか！ （君はそこで）何をしたの？

リョウタ：（ぼくは）博物館島に行ったよ。

ユウヤ：（君はそこで）何を見たの？

リョウタ：（ぼくは）有名な絵画をたくさん見たんだ。ワクワクしたよ！

ユウヤ：（君は）ドイツでは何を食べたの？

リョウタ：（ぼくは）ソーセージを食べたよ。これはドイツのソーセージの写真だよ。

ユウヤ：わあ、大きい！

Lesson 6

自分が住んでいる町を紹介(しょうかい)する

この Lesson のゴール

- 自分が住んでいる場所の良さを伝えることができる
- 地域にあったらいいなと思うものを伝えることができる

大切な文

We have a library in this city.
この町には図書館があります。

We don't have a big park in this city.
この町には大きな公園はありません。

▶ We have ～ . の復習をしよう！

20ページで学んだように、We have many festivals.「たくさんお祭りがある」のように「(イベントなどが）ある」と言うときは **We have ～ .** の形を使います。イベントのほかに「(施設などが）ある」と言うときにも "We have ～ in [場所] ." が使えます。

この表現では "in [場所] " の部分を「～には」と訳すと自然な訳になります。

We have a library in this city.

「私たちはこの町に図書館を持っている」
↓
「この町には図書館がある」

We は「私たちは」という意味ですが、この英文では「(この町にいる一般の人々である）私たち」という意味で使われています。このように「一般の人々」を指す場合は「私たちは」と訳さないほうが、自然な日本語になります。

▶「〜ない」と打ち消すときは not を使おう！

We have a big park in this city.「この町には大きな公園があります」を打ち消す（否定する）ときは **don't** を使い、We **don't** have a big park in this city.「この町には大きな公園はありません」のようにします。don't は do not の短縮形で、「〜ない」と打ち消す文であることを表しています。

ふつうの文 **We have a big park in this city.**
「この町には大きな公園があります」

打ち消す文 **We don't have a big park in this city.**
「この町には大きな公園はありません」

don't を have の前に置く

大切な文 6-2

I want a big park.

私は大きな公園がほしいです。

▶「ほしい」と言うときは want を使おう！

"want+ ものの名前 " で「〜がほしい」の意味です。今回の 大切な文 は ものの名前 の部分に a big park「大きな公園」がきています。

▶ want の文のあとに「理由」を言って説得力を出してみよう！

I want 〜 .「私は〜がほしい」で終わりにしてしまうのではなく、下の例のように「ほしい理由」をつけることで、話に説得力が出ます。

例1 I want a big park in this city.「この町に大きな公園がほしいです」
We can play baseball there.「そこで野球をすることができます」←理由

例2 I want a shopping mall in this city.「この町にショッピングモールがほしいです」
I like shopping.「私は買い物が好きです」←理由

can「〜することができる」や I like 〜 .「私は〜が好きだ」などの表現は、「理由」を伝えるときに便利です。

単語や語句を確認しよう

library 「図書館」

ライブラリ

本がたくさんある図書館だけでなく、写真や映画などを資料として保管してあるところも library といいます。最近では、タブレット端末やスマホで写真を保管する機能を「フォトライブラリ」と 言ったりします。

Canada 「カナダ」

キャナダ

huge 「巨大な」

ヒューヂ

「大きい」は big が有名ですが、big よりもオーバーな響きがあり、「巨大な」という意味で使われます。

town 「都市・町」

タウン

「都市・市」という意味の city という単語もありますが、規模は city よりも town のほうが小さいです。

[町を紹介するときに使える便利な表現]

6-4

その場所をおすすめする理由を述べる文

□**It's famous for ～.**「それは～で有名です」

※ be famous for ～「～で有名だ」という熟語を使っています。for は「理由（～で）」を表し、「～を理由に（for）有名だ（famous）」→「～で有名だ」となりました。

例 **I'm from Kagawa. It's famous for *udon*.**

「私は香川県出身です。香川県はうどんで有名です」

□**I like -ing there.**「私はそこで～するのが好きです」

※ there は「そこで」の意味で、おすすめの場所を言ったあとに、おすすめの理由を表す文として使えます。

例 **We have a big pool in our town. I like swimming there.**

「私たちの町には大きなプールがあります。私はそこで泳ぐのが好きです」

□**We can ～ there.**「そこで～することができます」

※ can buy ～「～を買うことができる」、eat ～「～を食べることができる」のように、can の後ろにさまざまな動作を表すことばを入れて、おすすめの理由を言う文をつくることができます。

例 **We have a zoo in this town. We can see many animals there.**

「この町には動物園があります。そこでたくさんの動物を見ることができます」

□**We can enjoy -ing.**「～するのを楽しむことができます」

例 **Our school has a big gym. We can enjoy playing volleyball there.**

「私たちの学校には大きな体育館があります。そこでバレーボールをするのを楽しむことができます」

そのほか町を紹介するときに使える表現

□**Welcome to ～.**「～へようこそ」

□**Please visit ～.**「ぜひ～を訪れてください」

\基本の英会話を身につけよう/

Annie と Nanami がお気に入りの場所について話しています。

Annie：We have a big library in Canada.
It is huge! I have a picture of it. …… ❶

（写真を見せる）

Nanami：Wow! **We don't have** a big library in this town. **I want** a big library. …… ❷

日本語訳と解説

❶

アニー：カナダには大きな図書館があります。それはとても大きいです！ その写真を持っています。

"We have ～ in 場所 ."「場所 には～がある」を使っています。2 文目の It is huge! の it、3 文目 I have a picture of it. の it は a big library のことです。a picture of it は「それ（大きな図書館）の写真」という意味です。

❷

ナナミ：うわぁ！ この町には大きな図書館はありません。大きい図書館がほしいと思っています。

don't を使って「～ない」と打ち消す文になっています。また、"want+ ものの名前 " で「～がほしい」という形も使われています。

わからなかった単語は前のページや辞書で確認してみましょう。
英文を何度か読んで、文の意味を考え、わからないところにはえんぴつで線を引いておきましょう。

“自然な”日本語訳

❶ アニー：カナダには大きな図書館があるの。とっても大きいんだから！
写真があるの。

❷ ナナミ：うわぁ！ この町には大きな図書館がないの。ほしいなあ。

[場所・施設などを表す語句]

6-6

- □**a hospital**「病院」
- □**an amusement park**「遊園地」
- □**a movie theater**「映画館」
- □**an art museum**「美術館」
- □**a stadium**「競技場」
- □**a gym**「体育館」
- □**a shopping mall**「ショッピングモール」
- □**a bookstore**「書店」

練習問題

1 次の日本語に合う英文になるように［　］内の語（句）を並べかえましょう。文頭にくるものも［　］内では小文字になっています。

(1) この町には遊園地があります。
[an amusement park / this / we / city / in / have / .]

(2) この町には映画館はありません。
[have / a movie theater / don't / city / we / this / in / .]

(3) 私はこの町にショッピングモールがほしいです。
[a shopping mall / this / want / city / in / I / .]

2 次の日本語を英語に直しましょう。

(1) この町には図書館があります。

(2) この町には大きな公園はありません。

(3) 私は大きな公園がほしいです。

6-7

1 (1) 答え：We have an amusement park in this city.

解説：「場所に（施設など）がある」と言いたいときは “We have ～ in 場所.” を使います。

(2) 答え：We don't have a movie theater in this city.

解説：「場所に（施設など）がない」と言いたいときは “We don't have ～ in 場所.” を使います。don't（do not の短縮形）を have の前に置いて、打ち消す文をつくります。

(3) 答え：I want a shopping mall in this city.

解説：“want+ ものの名前” で「～がほしい」の意味です。今回はものの名前に a shopping mall「ショッピングモール」がきています。

2 (1) 答え：We have a library in this city[town].

解説：“We have ～ in 場所.”「場所に（施設など）がある」の “～” に a library「図書館」を入れます。町は city を使っても town を使っても OK です。town よりも city のほうが、規模（きぼ）が大きくなります。

(2) 答え：We don't have a big park in this city[town].

解説：“We don't have ～ in 場所.”「場所に（施設など）がない」の “～” に a big park「大きな公園」を入れます。「～がない」と打ち消す文では don't（do not）を have の前に置きます。

(3) 答え：I want a big park.

解説：「～がほしい」と言うときは “want + ものの名前” を使います。ものの名前に a big park「大きな公園」を入れれば OK です。

\ネイティブの英会話をのぞいてみよう /

Annie と Nanami がそれぞれのお気に入りの場所について話しています。

Annie : What is your favorite place in this town?

Nanami : My favorite place is the swimming pool. **We have a big swimming pool!**

Annie : Why do you like it?

Nanami : It's big, and it's always clean. What was your favorite place back in Canada?

Annie : The library. It was huge! I have a picture of it.

Nanami : Wow! **We don't have** a big library in this town. **I want** a big library.

Annie : Do you like to read?

Nanami : Yeah, I like mystery and science fiction.

語句

・**place「場所」**

・**why「どうして」**

「どうして・なぜ」と相手に理由をたずねるときに使います。

・**always「いつも」**

・**clean「きれいな」**

・**like to ～「～するのが好きだ」**

like「好きだ」の後ろに "to+動作を表すことば" を続けて「～するのが好きだ」となります。今回の会話では like to read「読むのが好きだ→読書が好きだ」が使われています。

・**read「(本を) 読む」**

・**mystery「ミステリー」**

・**science fiction「SF・サイエンスフィクション・科学小説」**

science fiction の頭(かしら)文字をとったのが SF ということばです。fiction は「つくり話」のことです。テレビドラマの最後に出る「このドラマは**フィクション**です」の文は、「これはつくり話ですよ」という意味です。

日本語訳

アニー：この町の（あなたの）お気に入りの場所ってどこ？

ナナミ：私のお気に入りの場所はプールよ。大きいプールがあるんだ！

アニー：なんで（そのプールが）好きなの？

ナナミ：(そのプールは) 大きいし、いつも清潔(せいけつ)だから。カナダでお気に入りだった場所はどこ？

アニー：図書館だよ。(それは) すごく大きいの！　(私は) 写真を持っているわ。

ナナミ：すごい！　この町には大きい図書館がないの。(私は) 大きい図書館がほしいな。

アニー：本を読むのが好きなの？

ナナミ：うん、(私は) ミステリーと SF が好きなの。

Lesson 7 日常生活について伝える

このLessonのゴール

- ふだんの生活を伝えることができる

大切な文

I usually watch soccer games on Sundays.

私は、日曜日はたいていサッカーの試合を見ます。

▶「頻度(ひんど)」を表す単語を使ってみよう！

ふだんやっていることを伝えるとき、日本語でも「たいてい～するよ」、「ときどき～するよ」、「いつも～しているよ」、「よく～するよ」のように、「頻度（くり返す度合い）」の表現を使って言いますね。

英語でもこの**「頻度」を表す単語**があり、大切な文では usually **「たいてい」を使っています**。「頻度」を表す単語は「動作を表す単語の前に置く」と覚えてください。細かい例外はありますが、ここでは気にしなくて大丈夫です。

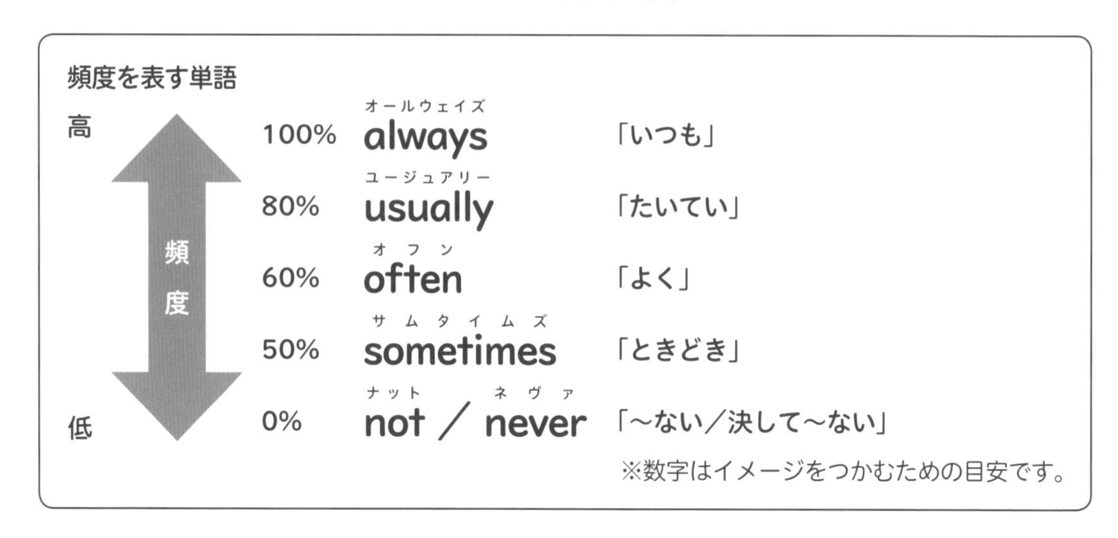
頻度を表す単語

頻度			
高	100%	always（オールウェイズ）	「いつも」
	80%	usually（ユージュアリー）	「たいてい」
	60%	often（オフン）	「よく」
	50%	sometimes（サムタイムズ）	「ときどき」
低	0%	not（ナット）／never（ネヴァ）	「～ない／決して～ない」

※数字はイメージをつかむための目安です。

▶「〇曜日に」は“on ＋曜日”で表そう！

「〇曜日に」と言いたいときは“on ＋ 曜日 ”の形にします。 on は「上」と訳されることが多いのですが、「くっついている」ときに使うと覚えてください。そこから「心理的にくっついている（考えかたがくっついている）」→「もとづいている（土台）」の意味が生まれました。たとえば、英語圏の人々は「日曜日だから教会に行こう」というように「曜日」に**もとづいて**行動することが多かったので on が使われます。

また、曜日は大文字で書きはじめます。月の名前と同じように、中学校のテストで出題されやすいので、今からチェックしておきましょう。

大切な文

What do you usually do on weekends?

あなたは週末、たいてい何をしていますか？

▶ do には 2 種類の働きがある！

「何をしますか？」とたずねるときは what と do を組み合わせて使います。

I usually watch soccer games on weekends.「私は、週末はたいていサッカーの試合を見ます」を「あなたは、週末はたいてい何をしていますか？」という文に変えるため、まず、**文の先頭に Do を置き、I「私は」を you「あなたは」に変え、たずねる文にします。**

次に **what「何」を文の先頭に置き、watch soccer games の部分を「する」という意味の do に変えます。**「サッカーの試合を見る」を「何をする？」に変えるイメージです（この do は「する」という意味の do です）。

このように、do にはたずねる文をつくる do と、「する」という意味の do の 2 種類があります。

ふつうの文　I usually watch soccer games on weekends.

youに変える

たずねる文　Do you usually watch soccer games on weekends?

何をしているかたずねる文　What do you usually do on weekends?

たずねる文のdo　「する」の意味のdo

「あなたは週末、たいてい何をしていますか？」

Lesson 7 日常生活について伝える

単語や語句を確認しよう

usually「たいてい」

ィユージュアリ

weekend「週末」

ウィーケンド

「週の（week）終わり（end）」→「週末」です。日本語でも「週末」のことを「ウィークエンド」と言ったりします。on weekends となれば「複数（２つ以上）」の意味で、「**毎**週末」というニュアンスを出しているんです。

play video games「テレビゲームで遊ぶ・テレビゲームをする」

プレイ ヴィデオウ ゲイムズ

play は play tennis「テニスをする」や play the piano「ピアノを弾（ひ）く」のように、「（スポーツ）をする」や「（楽器）を演奏する」の意味でよく使われますが、「ゲームをする」ときにも使えるんです。また、日本語では「テレビゲーム」ですが、英語では「video games」と言います。

with「～といっしょに」

ウィズ

“with 人” で１つのカタマリをつくり、「人といっしょに」です。

brother「兄・弟」

ブラザ

brother には「兄」「弟」の両方の意味があります。英語圏（けん）では「どちらが年上か？」ということにこだわらないので、「兄」も「弟」も brother なんです。あえてはっきりさせたいときは big brother「兄」、little brother「弟」などという言いかたもあります。

How about you?「あなたはどうですか？」

ハウ アバウト ユー

「あなたはどう？」と質問を返すときに使う表現で、you を強く読みます。みなさんが何か話したあとに How about you? を使って相手に話題をふると、自然に会話が続くようになりますよ。

read「読む」

リード

「読む」と言うときは「リード」と発音しますが、「読んだ」と過去のことを言うときは「レッド」と発音します。つづりは同じで読みかただけ変わるという特殊（とくしゅ）な単語です。

yesterday「昨日」

イエスタデイ

\ステップアップ/

住んでいる場所をたずねる・答える

Where do you live? 「あなたはどこに住んでいますか？」

– I live in Hakata in Japan. 「私は日本の博多(はかた)に住んでいます」

liveは「住んでいる」という単語です。「場所に住んでいる」と言うときは“live in 場所”の形にします。また、「場所」をたずねるときはwhere「どこに」を使うんでしたね（11ページ）。

交通手段をたずねる・答える

How do you go to school? 「どうやって通学しているのですか？」

– By school bus. 「スクールバスです」

「どうやって」と「手段・方法」をたずねるときはhowを使います。また「交通手段」を答えるときは“by + 乗り物”「～で（を使って）」を使います。ただし「徒歩(とほ)」の場合だけon footになります。「足（foot）を土台にして（on）」というイメージです。

[曜日を表す単語] 7-5

- □Sunday「日曜日」
- □Monday「月曜日」
- □Tuesday「火曜日」
- □Wednesday「水曜日」
- □Thursday「木曜日」
- □Friday「金曜日」
- □Saturday「土曜日」

\基本の英会話を身につけよう/

Annie と Nanami はふだん何をしているかについて会話をしています。

Annie：What do you usually do on weekends? …… ①

Nanami：I usually play video games with my brother. How about you? …… ②

Annie：I usually read books. I read two books yesterday. …… ③

日本語訳と解説

① アニー：あなたは、週末はたいてい何をしますか？

What do you usually do?「あなたはたいてい何をしていますか？」と、ふだんしていることをたずねる文が使われています。「週末に」は on weekends のように on を使います。

② ナナミ：私はたいてい弟とテレビゲームをします。あなたはどうですか？

usually「たいてい」は「動作を表す単語（今回は play「する」）の前」に置きます。また、「たいていテレビゲームをしている」と答えたあとに、How about you?「あなたはどう？」を使って相手に話題をふっています。

③ アニー：私はたいてい読書をします。昨日は本を２冊読みました。

usually「たいてい」は「動作を表す単語（今回 read「読む」）」の前に置かれていますね。１文目の read は「（たいてい）本を読む」の意味なので「リード」と発音します。一方、２文目の read は yesterday「昨日」が文の最後にあることからわかるように、「読んだ」と「過去」のことを言っているので「レッド」と発音します。

わからなかった単語は前のページや辞書で確認してみましょう。
英文を何度か読んで、文の意味を考え、わからないところにはえんぴつで線を引いておきましょう。

“自然な”日本語訳

❶ アニー：ふだん、週末は何して過ごす？
❷ ナナミ：だいたい弟とテレビゲーム。アニーは？
❸ アニー：本を読むことが多いかな。昨日は2冊読んだの。

[そのほか「日常の行動」を表すときに使える表現]

7-7

学校へ行く前

□**get up**「起きる」
□**brush my teeth**「歯をみがく」
□**wash my face**「顔を洗う」
□**eat breakfast**「朝食を食べる」
□**go to school**「学校へ行く」
□**take out the garbage**「ゴミを出す」

学校から帰宅後

□**do my homework**「宿題をする」
□**clean my room**「部屋をそうじする」
□**play with my friends**「友だちと遊ぶ」
□**water the flowers**「花に水をやる」
□**wash the dishes**「皿を洗う」
□**play the piano**「ピアノを弾(ひ)く」
□**use a computer**「コンピューターを使う」
□**read books**「本を読む」
□**watch TV**「テレビを見る」
□**walk my dog**「犬を散歩に連れていく」
□**take a bath**「お風呂に入る」
□**go to bed**「寝る」

練習問題

1 次の日本語に合う英文になるように［　］内の語（句）を並べかえましょう。文頭にくるものも［　］内では小文字になっています。

(1) あなたは土曜日、たいてい何をしますか？
［ do / do / on Saturdays / what / usually / you / ? ］

(2) 私はたいてい英語を勉強します。
［ study / I / English / usually / . ］

(3) あなたはどうやって通学しているのですか？
［ you / school / do / to / go / how / ? ］

(4) 私は名古屋に住んでいます。　［ in / live / Nagoya / I / . ］

2 次の日本語を英語に直しましょう。

(1) あなたは週末、たいてい何をしていますか？

(2) 私は、日曜日はたいていサッカーの試合を見ます。

3 次の日本語に合う英文になるように、空所に適する単語をあとから選んで書きましょう。文頭にくるものも□内では小文字になっています。

(1) 私はニューヨークに住んでいます。　I live (　　　) New York.

(2) あなたはどうやって学校へ行きますか？－自転車でです。
How do you go to school? － (　　　) bike.

of	by	from	in	with

1 (1) 答え：What do you usually do on Saturdays?

解説：「何をしますか？」とたずねるときは what と do を使ってたずねる文をつくります（What do you do ～？の形にします）。１つめの do はたずねる文をつくるための do、２つめの do は「する」という意味の do です。usually は「する」という意味の do の前に置きます。

(2) 答え：I usually study English.

解説：「私は**たいてい**～する」と言うときは“I **usually** ～.”の形にします。“～”には動作を表すことばがきますが、その前に usually「たいてい」を置きます。

(3) 答え：How do you go to school?

解説：「手段・方法」をたずねるときに使う how「どうやって」を文の先頭に置き、たずねる文を続けます。「通学する」は「学校へ行く」ということなので、go to school にします。

(4) 答え：I live in Nagoya.

解説：「私は～に住んでいます」は“I live in ～.”を使います。inの意味は「包囲（ほうい）」で「すっぽり包まれている」イメージで、今回の in は「場所の包囲」の意味です。

2 (1) 答え：What do you usually do on weekends[on the weekend]?

解説：「あなたは何をしますか？」は“What do you do ～？”を使います。週末は on weekends を使います。最後に usually「たいてい」を２つめの do の前に置けば完成です。ちなみに、on weekends の部分は、on the weekend でも OK です。

(2) 答え：I usually watch soccer games on Sunday[s].

解説：「私は**たいてい**～する」と言うときは“I **usually** ～.”の形にします。watch「見る」が動作を表すことばなので、その前にusually「たいてい」を置きます。

3 (1) 答え：in

解説：live の後ろに「場所」を続けるときは“in 場所”の形にします。live in ～「～に住む」です。この in は「（場所の）包囲」の意味です。

(2) 答え：By

解説：「交通手段」を表すときは“by＋乗り物”「～で」を使います。bikeは「オートバイ」ではなく「自転車」のことです。

\ネイティブの英会話をのぞいてみよう / 

Mrs. Taylor と Annie と Nanami が、住んでいる場所や週末にすることについて話している場面です。

Mrs. Taylor : Where do you live?

Nanami : I live in Hachioji.

Mrs. Taylor : That's pretty far from here. How do you go to school?

Nanami : By bus.

Mrs. Taylor : I see. Well, I'll get you two some cookies. I'll be right back.

Nanami : Thank you.

Annie : **What do you usually do on weekends?**

Nanami : **I usually play video games with my brother.** How about you?

Annie : I usually read books. I read two books yesterday.

Nanami : Nice!

語句

・**pretty「かなり（強調）」**

prettyは「かわいい」という意味が有名ですが、「かなり」という「強調」の意味もあるんです。今回はpretty far「かなり遠い」と使われています。

・**how「どのように・どうやって」**

「方法」や「手段」をたずねるhowを使います。今回の会話ではHow do you go to school?「どうやって学校へ行きますか？」と「交通手段」をたずねています。

・**by bus「バスで」**

"by+乗り物"「～で」と「交通手段」を表します。バスのほかに、by car「車で」、by bike「自転車で」、by train「電車で」のように使います。

・**I see.「なるほど」**

あいづちの表現です。seeはもともと「視界に入る」で、「(視界に入ったものを）理解する」→「わかる」となりました。

・**well「えーっと・ところで」**

wellは「上手に」という意味もありますが、会話のつなぎことばとして「えーっと・ところで」の意味でもよく使われます。

・**get 人 もの「人にものを取ってきてあげる」**

getは「得る・手に入れる」が有名ですが、後ろに"人 もの"がくると「人にものを**取ってきてあげる**」という意味で使われます。今回の会話では"get **you two some cookies**"と「人 もの」が続いているので「あなたたち2人にクッキーを取ってきてあげる」となります。ちなみにyouは「あなたたちに」(「あなたに」と「あなたたちに」と2つの意味があります）ですが、後ろにtwoを置いてyou twoとすることで「あなたたち2人に」という意味になっています。

日本語訳

テイラーさん：（あなたは）どこに住んでいるの？

ナナミ：八王子に住んでいます。

テイラーさん：ここからけっこう遠いのね。（あなたは）学校にはどうやって行くの？

ナナミ：バスで行きます。

テイラーさん：そうなのね。そうだ、2人にクッキーを持ってくるわ。すぐもどるね。

ナナミ：ありがとうございます。

アニー：（あなたは）週末はたいてい何をして過ごすの？

ナナミ：たいていは弟といっしょにテレビゲームをしてるよ。あなたは（どうですか）？

アニー：私はたいてい本を読んでるよ。昨日は2冊読んだよ。

ナナミ：いいね！

Lesson 8 中学校でやりたいこと

このLessonのゴール

- 「やりたいこと」を英語で伝えることができる

大切な文

I want to join the computer club.

私はコンピューター部に入りたいです。

▶「やりたいこと」は“want to ～”を使おう！

61ページで学んだように、“**want＋**[ものの名前]”で、**「～がほしい」ということを表します。**また、toの後ろに「動作を表す単語」を置くと、to ～で「～すること」という意味になります。まとめると、“**want to ～**”の形で、直訳「～することがほしい」→**「～したい」**となります。

I want to join the computer club. は、直訳は「私はコンピューター部に入ることがほしい」なので、「私はコンピューター部に**入りたい**」という訳になります。

I want＋[ものの名前].　「私は～がほしい」

I want [to ～].　「私は～したい」

I want to **the computer club.** のようにI want toの後ろを[ものの名前]にしてしまうミスが多いので注意してください。**want toの後ろには「動作を表す単語」**を置きます。

「入りたい部活」、「勉強したいこと」、「楽しみたいこと」を考えて言ってみましょう。「部活名」や「教科名」などの単語は83ページ、85ページを参考にしてみてください。

I want to join [部活(クラブ)名].　「私は～に入りたいです」

I want to study [教科名].　「私は～を勉強したいです」

I want to enjoy [イベント名].　「私は～を楽しみたいです」

大切な文

What club do you want to join?

あなたは何の部活に入りたいですか？

▶ “what＋ものの名前”は「何の～（どんな～）」という意味！

たとえば、「入りたい部活」をたずねるときに、日本語でも「何の部活（どんな部活）に入りたいですか？」のように**「何」のあとに「の部活」がくっつきます**ね。英語でも同じような発想で、**what のあとに ものの名前 がくっついて１つのカタマリになります。**

「何？」とたずねる文　**What do you want to ～?**「何を～したいですか？」

whatのカタマリがふくらんだイメージ

「何の～？」とたずねる文　**What＋ものの名前 do you want to ～?**「何の…を～したいですか？」

大切な文 では “What club”「何の部活（どんな部活）」で、後ろに続く文は do を使ったたずねる文になっています。

下のように、“What＋ものの名前”を使って、やりたいことをたずねる文を言いましょう。

What subject do you want to study hard?

「あなたは何の教科を一生懸命（いっしょうけんめい）勉強したいですか？」
※subject：教科

What event do you want to enjoy?

「あなたはどんなイベントを楽しみたいですか？」
※event：イベント・できごと

単語や語句を確認しよう

what＋ ものの名前 「何の～（どんな～）」

(フ)ワット

what は「何」ですが、“what+ ものの名前 ”で「何の～（どんな～）」の意味になります。

club 「部活・クラブ」

クラブ

want to ～ 「～したい」

ワント トゥ

join 「参加する・入る」

ヂョイン

photography 「写真（を撮ること）」

ファタグラフィ

How about you? 「あなたはどうですか？」

ハウ アバウト ユー

相手に話をふるときに使う表現です。you の部分を強く読みます。

the swimming team 「水泳部」

ザ スウィミング ティーム

[中学校の話をするときに使える表現]

8-4

中学校でがんばりたい教科をたずねる

□What subject do you want to study hard?
「あなたは何の教科をがんばって勉強したいですか？」

教科・科目名

□Japanese「国語」
□math「数学」
□science「理科」
□geography「地理」
□history「歴史」
□civics「公民」
□English「英語」
□music「音楽」
□art ／ fine arts「美術」
□moral education「道徳」
□physical education「体育」※短く "P.E." ともいいます。
□industrial arts and home economics「技術・家庭科」
※ technology and home economics ともいいます。

学校行事

□entrance ceremony「入学式」
□opening ceremony「始業式」
□closing ceremony「終業式」
□graduation ceremony「卒業式」
□emergency drill「防災訓練（ぼうさいくんれん）」
□spring vacation「春休み」
□summer vacation「夏休み」
□winter vacation「冬休み」
□school festival「文化祭」
□sports day「体育祭」
□field trip「遠足・校外学習」
□school trip「修学旅行」
□chorus contest「合唱コンテスト」
□marathon race「マラソン大会」
□entrance examination「入学試験」
□ball game competition「球技大会」
□speech contest「スピーチコンテスト」

\基本の英会話を身につけよう/

Nanami と Ryota が中学校で入りたい部活について話している場面です。

Nanami : **What club do you want to join?** ……①

Ryota : **I want to join** the photography club.
How about you? ……②

Nanami : **I want to join** the swimming team. ……③

日本語訳と解説

① ナナミ：あなたは何の部活に入りたいと思っていますか？
want to ～「～したい」を使ったたずねる文です。What club は“what+ものの名前”でセットにして「何の～（どんな～）」の使いかたです。

② リョウタ：ぼくは写真部に入りたいと思っています。あなたはどうですか？
I want to join ～.「私は～に入りたいです」を使って、入りたい部活を答えています。How about you?「あなたはどうですか？」は、ここでは「あなたは何の部活に入りたいですか？」という意味で使われています。

③ ナナミ：私は水泳部に入りたいです。

わからなかった単語は前のページや辞書で確認してみましょう。
英文を何度か読んで、文の意味を考え、わからないところにはえんぴつで線を引いておきましょう。

“自然な”日本語訳

❶ ナナミ：何の部活に入りたい？

❷ リョウタ：写真部。君は？

❸ ナナミ：私は水泳部。

[中学校の部活動]

運動部

- □baseball team「野球部」
- □tennis team「テニス部」
- □badminton team「バドミントン部」
- □basketball team「バスケットボール部」
- □kendo team「剣道部」
- □track and field team「陸上部」
- □soccer team「サッカー部」
- □table tennis team「卓球(たっきゅう)部」
- □handball team「ハンドボール部」
- □volleyball team「バレーボール部」
- □judo team「柔道部」
- □swimming team「水泳部」

文化部

- □brass band「吹奏楽(すいそうがく)部」
- □cooking club「料理部」
- □chorus「合唱部」
- □science club「科学部」
- □tea ceremony club「茶道部」
- □calligraphy club「書道部」
- □light music club「軽音楽部」
- □drama club「演劇部」
- □art club「美術部」
- □computer club「コンピューター部」
- □English club「英語部」
- □broadcasting club「放送部」
- □flower arrangement club「華道(かどう)部」
- □newspaper club「新聞部」

練習問題

1 次の日本語に合う英文になるように［　］内の語(句)を並べかえましょう。文頭にくるものも［　］内では小文字になっています。

(1) 私は英語部に入りたいです。
［ join / I / the English club / want / to / . ］

(2) あなたは何の部活に入りたいですか？
［ club / want / you / to / do / join / what / ? ］

(3) 私は理科を一生懸命(いっしょうけんめい)勉強したいです。
［ science / want / study / I / to ］hard.

(4) あなたは何の教科を一生懸命勉強したいですか？
［ want / subject / what / study / to / do / you ］hard?

2 次の日本語を英語に直しましょう。

(1) 私は英語を一生懸命勉強したいです。

(2) あなたは何の部活に入りたいですか？

(3) 私はコンピューター部に入りたいです。

1 (1) 答え：I want to join the English club.

解説：「～したい」は want to ～を使います。join は「参加する」で、そこから「(部活などに) 参加する」→「入る」となりました。join the English club は「英語部に参加する」→「英語部に入る」ということです。

(2) 答え：What club do you want to join?

解説：want to ～「～したい」をたずねる文にするときは do を使い、do you want to join? にします（この do はたずねる文をつくる do です）。「何の部活」は "what club" です（"what＋[もの名前]" でカタマリ）。

(3) 答え：[I want to study science] hard.

解説：「勉強したい」なので want to の後ろに study を続けます。文の最後の hard は「一生懸命・熱心に」という意味です。

(4) 答え：[What subject do you want to study] hard?

解説：「何の教科」は "what＋[もの名前]" です。「教科」は subject なので what subject にします。その後ろは do を使ったたずねる文（do you want to ～の語順）にすれば完成です。

2 (1) 答え：I want to study English hard.

解説：「英語を勉強したい」なので want to ～「～したい」を使って、want to study English とします。「一生懸命」は hard で、ふつうは文の最後に置きます。「一生懸命勉強する」のように、意味的には study にかかります。

(2) 答え：What club do you want to join?

解説：「何の部活」は what club（"what＋[もの名前]"）にします。後ろは do を使ったたずねる文を続けて do you want to join とすれば OK です。

(3) 答え：I want to join the computer club.

解説：「コンピューター部に入りたい」は want to ～「～したい」を使って、want to join the computer club にします。

\ネイティブの英会話をのぞいてみよう/

中学校で入りたい部活について話している場面です。

Ryota : It's already March. We're all going to Sakura Junior High School, right?

Nanami : Yeah. What club do you want to join?

Ryota : I **want to join** the photography club. How about you?

Nanami : I want to join the swimming team!

Ryota : Nice. How about you, Yuya?

Yuya : I want to join the art club. It's very famous. How about you, Annie?

Annie : Actually, I'm going to go to a different junior high school. My family is moving to Nagano soon.

Ryota : Nagano?

Nanami : That's so far away!

Annie : Yeah... I wanted to go to Sakura, too.

語句

・**already「すでに・もう」**
・**junior high school「中学校」**

❗「高校」は high school で、これに junior「若い・年下の」がついて junior high school「中学校」となりました。

・**yeah「うん」** ❗yes「はい」が少しくだけたイメージです。
・**famous「有名な」**

❗famous painting「有名な絵画」で出てきました（Lesson 5・58、59ページ）。今回は "famous+ ものの名前 " での使いかたではなく、" 〜 is famous."「〜は有名です」の形です。

・**actually「実は」**

❗大事なことを言う前に使う単語です。「言ってなかったんだけど実は……」というイメージです。

・**be going to 〜「〜することになっている」**

❗これからの「予定」を表す表現で、to の後ろには「動作を表す単語（動詞）」が続きます。be は「be 動詞」のことで、実際の英文では am・are・is などを使いわけます。

・**different「ちがう」**
・**move「引っ越す」**

❗move は「動く・移動する」の意味があり、「(居場所から) 動く」→「引っ越す」という意味にもなりました。

・**soon「すぐに・まもなく」**

❗CM やネットで使われる「カミング・スーン」は「間もなく来る」→「間もなく発売・公開」という意味です。

・**far away「遠くの」**

❗「遠く（far）離れて（away)」ということです。far の r と away の a がくっついて「ファラウェイ」のように発音されます。

・**too「〜も」** ❗今回のように、文の最後で使います。

日本語訳

リョウタ：もう３月か。みんなさくら中学校に行くんだよね？
ナナミ：うん。何の部活に入りたいの？
リョウタ：(ぼくは) 写真部に入りたいんだ。君は？
ナナミ：私は水泳部（に入りたい）！
リョウタ：いいね。君はどう、ユウヤ？
ユウヤ：(ぼくは) 美術部に入りたい。(美術部は) すごく有名なんだ。君はどう、アニー？
アニー：実は私、別の中学校に行くの。もうすぐ家族で長野に引っ越すの。
リョウタ：長野？
ナナミ：すごく遠いじゃん！
アニー：うん…私もさくら中（学校）に行きたかったなぁ。

Lesson 9 小学校の思い出

この Lesson のゴール

- 小学校の思い出を伝えることができる

大切な文

My best memory is the school trip.
私のもっとも良い思い出は修学旅行です。

▶ best は「一番良い」！

「自己ベスト」とは、テストの点数や50m 走のタイムのように、**「自分の中でもっとも良いもの」**のことです。best は単に「良い」のではなく**「もっとも良い・一番良い」**という意味です。my は「私の」、memory は「思い出」なので **my best memory** で**「私のもっとも良い思い出」**となります。

▶ なぜ「もっとも良い思い出なのか？」理由を続けよう！

「もっとも良い思い出は～です」と言われたら、相手は「どうしてそれがもっとも良い思い出なんだろう？」と聞きたくなりますよね。ですから**「その理由」を言う必要があります。**

　また、「思い出」なので「過去」のことになります。Lesson5に出てくる表現（went to ～「～へ行った」、saw「見た」、enjoyed「楽しんだ」など）を使って補足説明や理由を続けてみましょう。

My best memory is the school trip.「私のもっとも良い思い出は修学旅行です」

補足説明や理由

We went to Kyoto in May.	「私たちは5月に京都へ行きました」
We saw many temples.	「私たちはたくさんのお寺を見ました」
I enjoyed talking with my friends.	「私は友だちとおしゃべりするのを楽しみました」

大切な文

What is your best memory?

あなたのもっとも良い思い出は何ですか？

▶「一番の思い出」を聞いてみよう！

「相手の一番の思い出」をたずねるときは、what「何」を使います。

ふつうの文からたずねる文を考えてみましょう。まず、is（be 動詞）が使われている文をたずねる文にするときは、**is を文の先頭に移動させます**（do を使うたずねる文とは異なります）。

次に **the school trip**「修学旅行」の部分を **what**「何」に**変えて、さらに文の先頭へ移動させれば完成です。**

ふつうの文　**My best memory is the school trip.**
「私のもっとも良い思い出は修学旅行です」

たずねる文　**Is your best memory the school trip?**
「あなたのもっとも良い思い出は修学旅行ですか？」

内容を具体的にたずねる文　**What is your best memory?**
「あなたのもっとも良い思い出は何ですか？」

単語や語句を確認しよう

best「一番良い」

ベスト

memory「思い出」

メモリ

the summer festival「夏祭り」

ザ サマ フェスティヴァル

why「どうして」

(フ)ワイ

went「行った」(go「行く」の過去形)

ウェント

together「いっしょに」

トゥゲザ

saw「見た」(see「見る」の過去形)

ソー

beautiful「きれいな」

ビューティフル

fireworks「花火」

ファイアワーク

work は「働く」と習うことが多いですが、「取り組む」という意味もあり、そこから「(取り組んだ結果生まれた) 作品」という意味が生まれました。firework は「火の (fire) 作品 (work)」ということなんです。

enjoy -ing「～するのを楽しむ」

エンジョイ

talk with ～「～と話す」

トーク ウィズ

[そのほか思い出について話すときに使える表現]

思い出をたずねる

□**What did you like most about ～?**　※ most「一番」

「～について一番好きだったものは何ですか？」

□**What is your favorite memory?**

「あなたの一番好きな思い出は何ですか？」

一番の思い出を伝える

□**My favorite memory is ～.**「私の一番好きな思い出は～です」

思い出を説明する

□**I went to ～.**「私は～へ行きました」

□**I enjoyed ～.**「私は～を楽しみました」

□**I saw ～.**「私は～を見ました [～に会いました]」

学校行事

□**the music festival**「音楽祭」

□**the swimming meet**「水泳大会」

□**the sports day**「運動会」

□**the field trip**「遠足」

□**the volunteer day**「ボランティアの日」

□**the soccer tournament**「サッカー大会」

\基本の英会話を身につけよう/

Yuya と Ryota が小学校の思い出について話している場面です。

Yuya : Ryota, **what is your best memory?**

…… ①

Ryota : **My best memory is** the summer festival. …… ②

Yuya : Why? …… ③

Ryota : It was really fun. We **went to** the festival together. We **saw** beautiful fireworks.

I **enjoyed talking** with everyone. …… ④

日本語訳と解説

① ユウヤ：リョウタ、君の一番良い思い出は何ですか？

"Ryota" は呼びかけです。best「一番良い」を使ってリョウタの「一番の思い出」をたずねています。もともと My best memory is ～. をたずねる文にするためにis を文の最初に出し（Is your best memory ～ ?)、"～" を what「何」に変えて、is の前に出したのが今回の文です。

② リョウタ：ぼくの一番の思い出は夏祭りです。

My best memory is ～.「私の一番良い思い出は～です」の形を使って答えています。what is **your** best memory? と「**あなたの**一番良い思い出」とたずねられているので、答えるときは **My** best memory is ～. と my「私の」に直して答えています。

③ ユウヤ：どうしてですか？

4

リョウタ：本当に楽しかったからです。ぼくたちはいっしょに夏祭りに行きましたね。ぼくたちはきれいな花火を見ました。ぼくはみんなとおしゃべりを楽しみました。

It was really fun. の It は“the summer festival”のことです。really「本当に」は fun「楽しい」を強調しています。さらに went to ～「～へ行った」、saw ～「～を見た」、enjoy ～「～を楽しんだ」を使って具体的に理由を答えています。

わからなかった単語は前のページや辞書で確認してみましょう。
英文を何度か読んで、文の意味を考え、わからないところにはえんぴつで線を引いておきましょう。

“自然な”日本語訳

❶ ユウヤ：リョウタ、一番良い思い出は何？
❷ リョウタ：夏祭りだね。
❸ ユウヤ：どうして？
❹ リョウタ：すごく楽しかったから。いっしょに夏祭りに行ったよね。きれいな花火を見た。おしゃべりも楽しかったよ。

練習問題

1 次の日本語に合う英文になるように［　］内の語（句）を並べかえましょう。文頭にくるものも［　］内では小文字になっています。

(1) 私のもっとも良い思い出は夏祭りです。
［ memory / the summer festival / my / is / best / .］

(2) あなたのもっとも良い思い出は何ですか？
［ your / memory / what / best / is / ?］

2 次の日本語を英語に直しましょう。

(1) あなたのもっとも良い思い出は何ですか？

(2) ぼくのもっとも良い思い出は修学旅行です。

(3) 私たちは6月に東京へ行きました。

(4) 私は東京で、東京スカイツリー（TOKYO SKYTREE）を見ました。

9-6

1 (1) 答え：My best memory is the summer festival.

解説：「もっとも良い」は best を使います。「私のもっとも良い思い出」は my best memory となります。

(2) 答え：What is your best memory?

解説：「何」とたずねているので what で文をはじめます。その後ろはたずねる文（is を前に出す）なので is your best memory? となります。

2 (1) 答え：What is your best memory?

解説：what「何」で文をはじめて、その後ろはたずねる文（is ～？の順番）にします。「あなたのもっとも良い思い出」は your best memory です。

(2) 答え：My best memory is the school trip.

解説：「ぼくのもっとも良い思い出は～です」は“My best memory is ～.”を使います。“～”に the school trip「修学旅行」を入れて完成です。

(3) 答え：We went to Tokyo in June. ／ We visited Tokyo in June.

解説：「～へ行きました」は“went to 場所”を使います（“to 場所”で「場所へ」の意味です。to を忘れないでください）。ただし、visited「訪れた」を使うときは“visited 場所”のように to「～へ」は不要です（visited 自体に「～へ」の意味が含(ふく)まれているからです）。

(4) 答え：I saw TOKYO SKYTREE in Tokyo.

解説：「～を見ました」は see の過去形 saw を使って、“I saw ～”「私は～を見ました」の形を使います。「東京で」は in Tokyo のように in を使って表します。

\ネイティブの英会話をのぞいてみよう/

小学校の思い出について話している場面です。

Ryota : Hi. Where's Annie?

Nanami : She's not feeling well.

Ryota : Is she sick?

Nanami : No. She just doesn't want to move to Nagano.

Yuya : Nanami and I have a plan.

Ryota : A plan?

Yuya : Yes. Ryota, **what is your best memory?**

Ryota : **My best memory is** the summer festival.

Yuya : Why?

Ryota : It was really fun. We **went to** the festival together. We **saw** beautiful fireworks. I **enjoyed talking** with everyone.

Nanami : Yuya and I want to make something for Annie. We want to cheer her up. Can you help us?

Ryota : Sure. What are we making?

Nanami : A photo album!

語句

・**where's「～はどこですか」** where is の短縮形です。

・**feel well「気分が良い・調子が良い」**

well は「健康な」の意味で、feel は「感じる」です。そこから feel well で「気分が良い・調子が良い」となりました。

・**sick「病気の・調子 [気分] が悪い」**

「病気の」という意味が有名ですが、単に「調子が悪い」、「気分が悪い」程度のことでも使えます。

・**just「ただ～だけ」**　・**plan「計画・案」**　・**something「何か」**

・**cheer 人 up「人を励(はげ)ます」**

「チアガール」は「選手を励まして応援する人たち」です。

・**Can you ～？「～してくれますか？」**

can が使われているので、直訳すると「あなたは～することができますか？」となります。そこから「(～することができるなら) やってくれませんか？・～してくれませんか？」となりました。相手にお願い (依頼(いらい)) するときに使う表現です。

・**help「助ける・手伝う」**

日本語訳

リョウタ：やあ。アニーは？

ナナミ：調子悪いみたい。

リョウタ：具合悪いの？

ナナミ：いいえ。ただ長野に行きたくないんだって。

ユウヤ：ナナミとぼくで作戦を考えていたんだ。

リョウタ：作戦？

ユウヤ：そう。リョウタ、(君の) 一番の思い出って何？

リョウタ：(ぼくの) 一番の思い出は夏祭りかな。

ユウヤ：どうして？

リョウタ：すごく楽しかったから。(ぼくらは) いっしょに夏祭りに行ったよね。(ぼくらは) きれいな花火を見た。(ぼくは君たち) みんなとおしゃべりも楽しんだよ。

ナナミ：私とユウヤはアニーのためにつくりたいものがあるの。(彼女を) 励ましたいの。手伝ってもらえるかな？

リョウタ：もちろん。何をつくるの？

ナナミ：写真アルバムよ！

Lesson 10

将来の夢

この Lesson のゴール

- 将来の夢とその理由を伝えることができる

大切な文

I want to be a vet.

私は獣医になりたいです。

▶ be で「なる」という意味を表そう！

want to 〜は「〜したい」という意味でした（Lesson 8・80ページ）。そしてbeには「なる」という意味があり、**want to be 〜で「〜になりたい」と、「将来の夢」を伝えるときに使う表現になります。**

I want to be の後ろに「なりたい職業」を入れて自分の夢を言ってみましょう（職業を表す単語は103ページ）。

▶「なりたい理由」をプラスしよう！

「〜になりたい！」と言われた相手は「なぜ？」と「（なりたい）理由」が気になりますよね。ですから、**「将来の夢」を伝えたあとに「理由」を続けてください。**「理由」と聞くとむずかしく感じる人もいるかもしれませんが、たとえば、**I like 〜.「私は〜が好きです」**や **I can 〜.「私は〜することができます」**などを伝えれば十分です。

I want to be a tennis player. 「私はテニス選手になりたいです」

理由① **I like tennis.** 「私はテニスが好きです」

理由② **My favorite player is Osaka Naomi.** 「大好きな選手は大坂なおみです」

I want to be a cook.　「私は料理人になりたいです」

理由① I like Japanese food.　「私は日本食が好きです」

理由② I can cook very well.　「私はとても上手に料理することができます」

大切な文

10-2

What do you want to be?

あなたは何になりたいですか？

▶ want to be を使って相手の将来の夢をたずねよう！

I want to be a vet.「私は獣医になりたいです」という文をもとに、「あなたは何になりたいですか？」という文を考えてみましょう。

まず、do を使ってたずねる文 Do you want to be a vet?「あなたは獣医になりたいですか？」にします。

次に a vet の部分を what「何」に変えて文の先頭に置けば今回の 大切な文 の完成です。

ふつうの文　**I want to be a vet.**　「私は獣医になりたいです」

たずねる文　**Do you want to be a vet?**　「あなたは獣医になりたいですか？」

なりたいものをたずねる文　**What do you want to be?**　「あなたは何になりたいですか？」

単語や語句を確認しよう

want to be 〜「〜になりたい」

ワント トゥ ビ

in the future「将来」

イン ザ フューチャ

vet「獣医(じゅうい)」

ヴェット

もともとはveterinarianという単語ですが、長くて言いにくいので短く略してvetが使われることも多いんです。

help「助ける・手伝う」

ヘルプ

animal「動物」

アニマル

[さまざまな職業を表す単語]

10-4

スポーツ選手

- □soccer player「サッカー選手」
- □baseball player「野球選手」
- □basketball player「バスケットボール選手」

乗り物関係

- □captain「機長・船長」
- □flight attendant「客室乗務員」
- □pilot「パイロット」
- □astronaut「宇宙飛行士」
- □taxi driver「タクシー運転手」

医療・福祉・法律・学校関係

- □doctor「医師」
- □dentist「歯科医師」
- □vet「獣医」
- □lawyer「弁護士」
- □dietitian「栄養士」
- □care worker「介護福祉士」
- □pharmacist「薬剤師」
- □teacher「教師」
- □university professor「大学教授」
- □researcher「研究者」
- □scientist「科学者」
- □nursery school teacher「保育士」

政治・公務員関係

- □politician「政治家」
- □secretary「秘書」
- □diplomat「外交官」
- □police officer「警察官」
- □firefighter「消防士」

芸術・芸能関係

- □artist「芸術家」
- □entertainer「芸能人」
- □comedian「コメディアン」
- □dancer「ダンサー」
- □actor「俳優」
- □voice actor「声優」
- □cartoonist「漫画家」
- □singer「歌手」
- □musician「ミュージシャン・音楽家」
- □designer「デザイナー」
- □fashion designer「ファッションデザイナー」

メディア関係

- □anchor／newscaster「ニュースキャスター」
- □journalist／reporter「記者」
- □weather forecaster「気象予報士」
- □movie director「映画監督」
- □writer「作家」
- □photographer「写真家」
- □editor「編集者」

技術関係

- □engineer「技師」
- □computer programmer「プログラマー」
- □architect「建築家」
- □carpenter「大工」
- □beautician「美容師」
- □barber「理容師」

その他

- □office worker「会社員」
- □storekeeper「店主」
- □interpreter「通訳者」
- □chef「料理長」
- □cook「料理人」
- □baker「パン職人」
- □pastry chef「パティシエ」
- □florist「花屋」

\基本の英会話を身につけよう/

Nanami と Annie が将来の夢について話している場面です。

Nanami : What do you want to be in the future? …… ❶

Annie : I want to be a vet. I want to help animals. …… ❷

日本語訳と解説

❶ ナナミ：あなたは将来、何になりたいと思っていますか？

“want to be ～”「～になりたい」を使って、将来の夢をたずねています。in the future は「将来」で「広い範囲」なので in が使われています。

❷ アニー：私は獣医になりたいです。動物を助けたいです。

「獣医になりたい」と伝えたあと、I want to help animals.「動物を助けたい」と「獣医になりたい理由」を続けています。

わからなかった単語は前のページや辞書で確認してみましょう。
英文を何度か読んで、文の意味を考え、わからないところにはえんぴつで線を引いておきましょう。

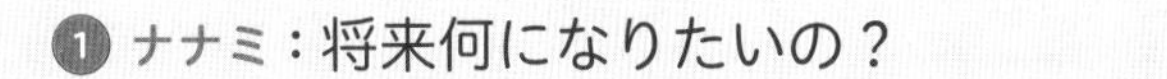

“自然な”日本語訳

❶ ナナミ：将来何になりたいの？

❷ アニー：獣医よ。動物たちを助けたいの。

[そのほか将来の夢について話すときに使える表現]

10-6

相手の夢を聞いたときの応答例

□**Fantastic!**「すばらしい！」

※生徒同士の会話ではなく、将来の夢を聞いた大人が、その内容をほめるときに使うイメージの表現です。

□**Great!**「すばらしい！」

□**Nice dream.**「いい夢だね」

□**Perfect job for you.**「あなたにピッタリの仕事だね」

□**Good luck.**「がんばってね」

※言いかたによっては「せいぜいがんばれよ」のように受け取られてしまうこともあるので、明るく言いましょう。

その他

□**I have a dream.**「私には夢があります」

※テーマが「夢」のスピーチなどで使える表現です。

練習問題

1 次の日本語に合う英文になるように［　］内の語（句）を並べかえましょう。文頭にくるものも［ ］内では小文字になっています。

(1) 私は教師になりたいです。
［ to / want / be / I / a teacher / . ］

(2) あなたは何になりたいですか？
［ do / be / what / to / want / you / ? ］

2 次の（　）内の日本語を英語に直し「私は～になりたいです」と言う英文をつくりましょう。

(1)（獣医（じゅうい））

(2)（サッカー選手）

(3)（医師）

10-7

1 (1) 答え：I want to be a teacher.

解説：「私は～になりたいです」はI want to be ～．を使います。

(2) 答え：What do you want to be?

解説：want to be ～「～になりたい」を、doを使ってたずねる文にします。「何」とたずねているので、What で文をはじめます。単語のはじめを大文字にするのを忘れずに。

2 解説：「私は～になりたい」はI want to be ～．を使います。（　）内の語を英語に直して“～”に入れればOKです。また、a vet「獣医（じゅうい）」、a soccer player「サッカー選手」、a doctor「医者」のようにaをつけます。英語では数えられるものや人が1つや1人のときは必ずつけるのがルールですが、日本語には訳さないことがほとんどです。

(1) 答え：I want to be a vet.

日本語訳：私は獣医になりたいです。

(2) 答え：I want to be a soccer player.

日本語訳：私はサッカー選手になりたいです。

(3) 答え：I want to be a doctor.

日本語訳：私は医師になりたいです。

\ネイティブの英会話をのぞいてみよう/

3人はAnnieの家を訪問し、写真アルバムを渡しました。次は、4人が将来の夢について話す場面です。

Nanami：Annie, **what do you want to be** in the future?

Annie：**I want to be a vet.** I want to help animals.

Nanami：I want to be a P.E. teacher.

Ryota：I want to be a photographer!

Yuya：I want to be an artist.

Nanami：We'll all go to different schools someday.

Ryota：But we'll still be friends!

Annie：Yes...Let's keep adding photos to this album!

語句

・**P.E.「体育」**

❗ physical education の頭文字をとったものが P.E.「体育」です。

・**photographer「写真家」**

❗ 日本語でも「写真家」のことを「フォトグラファー」といいますが、英語は「ファ**タ**グラファ」のように「タ」の部分を強く読みます。

・**different「ちがう」**

・**someday「いつか」**

・**still「まだ・かわらず」**

・**friend「友だち」**

・**Let's ～ .「～しましょう」**

❗ 相手を「誘（さそ）う」ときに使います。Let'sの直後には「動作を表す単語（動詞）」を置きます。Let's ～ .「～しましょう」と誘われたら、Of course.「もちろん」、OK.「いいですよ」、That's a good idea!「いい考えだね」、Sorry, I can't.「残念ですができません」のように答えます。

・**keep -ing「～しつづける」**

・**add A to B「B に A を加える」**

・**photo「写真」**

❗ 英語の発音は「フォト」ではなく「フォ**ウ**ト**ウ**」です。

・**album「アルバム」**

日本語訳

ナナミ：アニー、あなたは将来何になりたいの？

アニー：（私は）獣医（じゅうい）になりたい。（私は）動物を助けたいと思っているの。

ナナミ：私は体育の先生になりたい。

リョウタ：ぼくはカメラマンになりたい！

ユウヤ：ぼくは芸術家になりたい。

ナナミ：みんないつか、ちがう学校にいくことになるんだね。

リョウタ：でもずっと友だちだ！

アニー：うん…このアルバムに写真を足し続けよう！

アルファベットを書いてみよう！

アルファベット…英語で使われる文字で、全部で26文字あります。
大文字…文の最初、人の名前・地名、曜日や月名の最初の文字に使います。
小文字…大文字以外の文字に使われます。英文を書くときのメインになるのが小文字です。

アルファベット						読みかた
大文字			小文字			
活字体	ブロック体	筆記体	活字体	ブロック体	筆記体	
A	A	A	a	a	a	[éi] エイ
B	B	B	b	b	b	[bíː] ビー
C	C	C	c	c	c	[síː] スィー
D	D	D	d	d	d	[díː] ディー
E	E	E	e	e	e	[íː] イー
F	F	F	f	f	f	[éf] エフ
G	G	G	g	g	g	[dʒíː] ヂー
H	H	H	h	h	h	[éitʃ] エイチ
I	I	I	i	i	i	[ái] アイ
J	J	J	j	j	j	[dʒéi] ヂェイ
K	K	K	k	k	k	[kéi] ケイ
L	L	L	l	l	l	[él] エル
M	M	M	m	m	m	[ém] エム

活字体…印刷物などに使う文字の形のことです。文字を自分で書くときには使いません。特に小文字の a や g は、ブロック体と比べてかなり形が異なるので注意してください。

ブロック体…１字ずつはっきり書くときに使います。学校で勉強するときによく使います。自分が書くときはこちらがメインになります。

筆記体…文字を続けて書くためにブロック体をくずした形です。テストで出るわけではありませんが、興味がある人は書いてみてください。自分の名前だけでも筆記体で書けるとカッコイイですよ。

書き順…アルファベットの「正しい書き順」は実は決まっていません。ハッキリ読めるように書ければ OK です。

アルファベット						読みかた
大文字			小文字			
活字体	ブロック体	筆記体	活字体	ブロック体	筆記体	
N	N	N	n	n	n	[én] エン
O	O	O	o	o	o	[óu] オウ
P	P	P	p	p	p	[pí:] ピー
Q	Q	Q	q	q	q	[kjú:] キュー
R	R	R	r	r	r	[á:r] アー
S	S	S	s	s	s	[és] エス
T	T	T	t	t	t	[tí:] ティー
U	U	U	u	u	u	[jú:] ユー
V	V	V	v	v	v	[ví:] ヴィー
W	W	W	w	w	w	[dʌ́blju:] ダブリュー
X	X	X	x	x	x	[éks] エクス
Y	Y	Y	y	y	y	[wái] ワイ
Z	Z	Z	z	z	z	[zí:] ズィー

著者紹介

関　正生（せき・まさお）

◉──英語講師・語学書作家。1975年生まれ。埼玉県立浦和高校、慶應義塾大学文学部（英米文学専攻）卒業。
◉──リクルートが運営するオンライン予備校「スタディサプリ」で、毎年全国の小中高生・大学受験生130万人以上に授業を行う。また、YouTubeの授業サンプル動画再生回数は、累計で約1400万回にのぼる(2020年7月現在)。
◉──「250人が入る教室が満席に」「朝6時から授業の整理券配布」「講座に立ち見が出た」「1日に200名×6講座すべて満席」など、授業のわかりやすさで圧倒的な人気を誇る。
◉──英語が苦手な生徒には、つまずきの原因をはっきりさせてからアプローチすることで、英語が「できる」だけでなく、「好きになる」ように指導。英語が得意な生徒には、暗記するだけでは到達できない問題の解法と、圧倒的に効率のいい「英語の考えかた」を導く。さらに東大をはじめとする超難関大学の志望者には、英語の読みかたから答案の書きあげかたまで、独自の方法論を指南。英語初級者～上級者まで、多くの生徒に支持されている。
◉──『中学校３年間の英単語が１ヵ月で1000語覚えられる本』（かんき出版）、『カラー改訂版　世界一わかりやすい英文法の授業』（KADOKAWA）、『サバイバル英文法』（NHK出版新書）など、手がけた著書は100冊以上。現在、NHKラジオ講座『基礎英語３』や『CNN ENGLISH EXPRESS』でコラムを連載中。
◉──本書は、著者が25年以上の指導経験で導き出した「英語の本質のつかみかた」について、初めて小学生向けに解説したもの。

小学校６年生の英語が１冊でしっかりわかる本

2020年９月７日　第１刷発行
2024年５月28日　第２刷発行

著　者──関　正生
発行者──齊藤　龍男
発行所──株式会社かんき出版
東京都千代田区麴町4-1-4 西脇ビル　〒102-0083
電話　営業部：03(3262)8011㈹　編集部：03(3262)8012㈹
FAX　03(3234)4421　振替　00100-2-62304
https://www.kanki-pub.co.jp/

印刷所──シナノ書籍印刷株式会社

ISBN978-4-7612-3011-1 C6082

・執筆協力
渡辺　萌香
・カバーデザイン
ISSHIKI
・本文デザイン
二ノ宮　匡(ニクスインク)
・DTP
畑山　栄美子(エムアンドケイ)
茂呂田　剛(エムアンドケイ)
・イラスト
まつむらあきひろ
・音声収録
ELEC
・ナレーション
ドミニク・アレン
ハワード・コルフィールド
ビアンカ・アレン
ジェニファー・シマ
中村　章吾
水月　優希